AF544616

Wilfried Hahn

Kernenergie jetzt?!

Warum uns die Energiewende Wohlstand und Frieden kostet

INHALT

Prolog 4

Teil 1: ängstlich, endlich, ideologisch

Kapitel 1
Wieso die Angst uns die Energie nimmt ... 12

Kapitel 2
Wie wir unsere Ressourcen verschwenden ... 24

Kapitel 3
Warum uns Ideologie ins Mittelalter führt 38

Teil 2: skeptisch, neugierig, langfristig

Kapitel 4
Warum uns Skepsis weiterbringt 54

Kapitel 5
Wozu das Ganze? Wissen ist Zukunft ... 66

Kapitel 6
Warum ich optimistisch bin –
ein Blick auf die Menschheit 80

Teil 3: **explosiv, sicher, dezentral**

Kapitel 7
Und dennoch – einfach zu gefährlich? 94

Kapitel 8
Warum Kernenergie uns in eine sichere Zukunft führt 98

Kapitel 9
Wie dezentrale Energieversorgung möglich wird 112

Teil 4: **nachhaltig, sozial, friedvoll**

Kapitel 10
Warum echte Nachhaltigkeit nur mit Kernenergie gelingt 124

Kapitel 11
Weshalb Kernenergie sozial ist 132

Kapitel 12
Warum mit Kernenergie die Welt friedlicher ist 140

Epilog 148

Zum Autor 154
Quellenverzeichnis 156
Weitere Literaturempfehlungen 161
Impressum 168

Prolog

Wie wird unsere Zukunft sein? Was tragen wir dazu bei, dass unsere Zukunft, die Zukunft künftiger Generationen, eine gute wird?

Blicke ich auf mein Leben zurück, was mir als siebzigjähriger Vater, vierfacher Großvater und „Senior President" eines mittelständischen Unternehmens durchaus angemessen erscheint, so kommt mir bei dieser Frage sofort ein einprägsames Filmerlebnis und vor allem die anschließende Diskussion in den Sinn ...

1971. Ich studierte zu dieser Zeit in Karlsruhe Wirtschaftsingenieurswesen und habe mir mit Kommilitonen zusammen Stanley Kubricks Film „2001: Odyssee im Weltraum" angesehen. Ich war beeindruckt, von den Bildern, von dem Zusammenspiel mit der Musik, bewegend vor allem das Musikstück „Also sprach Zarathustra" von Richard Strauss, das Kubrick als Titelmusik verwendete. Und dann die Anfangssequenz, der erste Akt, „Die Dämmerung der Menschheit" überschrieben. Das Rätsel des schwarzen, glatten Obelisken, der inmitten einer Horde affenähnlicher Frühmenschen emporragt. Der Moment, in dem die Menschheit einen technologischen Sprung macht und entdeckt, dass ein Knochen ein Werkzeug sein kann – und eine Waffe. Eine Waffe, ein Werkzeug, das der Anführer der Horde dann in die Luft wirft – und aus dem Knochen wird ein Raumschiff ...

Schon diese erste Szene mit ihrer Gewalt, mit der Andeutung der technologischen Entwicklungen, führte damals zu lebhaften Diskussionen mit meinen Kommilitonen: Sind wir näher an der Wahrheit, wenn wir die Geschichte der Menschheit im düsteren Licht sehen – oder wenn wir die Entwicklungsmöglichkeiten des Menschen optimistisch einschätzen? Eine Diskussion, die mich schon damals gefesselt hat – und die mich nie losließ.

Ich bin grundsätzlich optimistisch, was die langfristige Entwicklung des Menschen und unsere Zukunft angeht. Weil ich an die Vernunft als die stärkste Kraft glaube, die den Menschen antreibt. Ohne diesen Optimismus hätte ich unser Familienunternehmen nicht Jahrzehnte erfolgreich führen können.

Wenn ich also einen Film wie 2001 sehe, dann interpretiere ich ihn in einem zuversichtlichen Licht – ohne blauäugig zu sein. Der Mensch ist ein komplexes Wesen und der archaische Hang zur Gewalt und auch der gefährliche Herdentrieb gehören eben zu seiner Ausstattung. Und deswegen ist eine vernünftige Entwicklung auch kein Selbstläufer, sondern es ist wichtig, dass wir versuchen, der Vernunft Geltung zu verschaffen.

Und dennoch: Wenn eine technische Neuerung wie KI kommt, dann denke ich bei Chat GPT nicht an James Camerons Terminator, in dem die Maschinen die Weltherrschaft übernehmen.

Auch wenn die Welt von Krisen geschüttelt wird, glaube ich dennoch, dass wir als Menschen fähig sind, vernünftige Wege aus den Krisen zu finden.

Und deswegen bin ich mir gewiss, dass wir fähig sein werden, einen vernünftigen Weg aus einer der bedrohlichsten Krisen zu finden. Einer Krise, die den Wohlstand und die Lebensqualität der Menschen weltweit und der künftigen Generationen bedroht: die Energiekrise.

Allerdings habe ich den Eindruck, dass den politischen und gesellschaftlichen Diskussionen rund um die Energieformen, die uns eine lebenswerte Zukunft ermöglichen werden, die Vernunft verloren gegangen ist. Statt nach einem vernünftigen Weg heraus aus der Energiekrise zu suchen – einem vernünftigen Weg, der auch aus der Klimakrise herausführt –, lassen wir zu, dass Angst und Ideologie den Ton der Diskussion angeben.

Diesem negativen Ton möchte ich gerne etwas Positives entgegensetzen: etwas Vernunft. Eine Vernunft, die mich, nachdem ich lange das Für und Wider abgewägt habe, nachdem ich die Gefahren und Probleme erneuerbarer Energien erkannt habe, erkennen ließ: Für unsere Zukunft brauchen wir die Kernenergie ...

Teil 1:

ängstlich, endlich, ideologisch

Kapitel 1

Wieso die Angst uns die Energie nimmt …

„I want you to panic!" – Die eindringliche und emotionale Rede von Greta Thunberg vor Politikern und Wirtschaftsbossen auf dem Weltwirtschaftsforum in Davos 2019 machte Eindruck. Ein halbes Jahr später wiederholte sie die Worte in ihrer Rede vor der UNO, den Vereinten Nationen, während des Klimagipfels in New York – vor der ganzen Welt.

„Ich will, dass ihr handelt, als wenn euer Haus brennt, denn das tut es," schrieb die damals sechszehnjährige Schwedin an jenem Freitag, dem 25. Januar 2019, den Mächtigen der Welt ins Stammbuch – und sie endet mit dem dramatischen Aufschrei:

„Ich will, dass ihr in Panik geratet, dass ihr die Angst spürt, die ich jeden Tag spüre!"

Wie viele Menschen weltweit spürten nun nicht auch diese Angst vor dem Klimawandel, der Klimakatastrophe – und damit auch die Angst vor den Folgen fossiler Energien. Und ganz prominent, als traditioneller Angstgegner vieler Umweltschützer, Klimadenker und der grünen Bewegung: die Angst, ja die Panik, vor der Kernenergie.

Greta Thunbergs Worte fielen auf fruchtbaren Boden – leider, möchte ich sagen. Aber nur zu verständlich ...

„MIT DER ANGST AUFGEWACHSEN“

Nach meinem Vortrag über die Zukunft der Energieversorgung kam ich einmal mit einem Mann aus dem Publikum ins Gespräch. Er war auch nach meinen Ausführungen noch skeptisch gegenüber der Sicherheit der Kernenergie und ich fragte ihn nach seiner kernenergetischen Sozialisation.

„Nun, ich bin jetzt Mitte fünfzig. Aufgewachsen bin ich in den Siebzigerjahren in einer Gegend, in der unweit Engländer und Amerikaner stationiert waren. Jeden Tag donnerten Tiefflieger über unser Dorf. Mehrere Male. Mehrmals fanden auf den umliegenden Feldern Manöver statt, bei denen Panzer über die Äcker rasten. Ich weiß noch, wie es war, als ich an einem Morgen dieses tiefe Poltern, ein Rattern, in meinem Bauch spürte, das mich schlecht fühlen ließ. Lange bevor der Panzer in unsere Straße einbog und unter den Ketten der Asphalt aufriss. Eine typische Kindheit im Kalten Krieg, würde ich sagen ...“, erzählte mir mein Gegenüber, während er an seinem Bier nippte, „mit regelmäßigem Probealarm, ABC Alarm, also einer ohrenbetäubenden Warnung der Sirenen, die es damals noch auf den Schuldächern gab, vor dem Einsatz atomarer, biologischer oder chemischer Kampfstoffe. Eine Lehrerin von uns schickte uns beim ABC Alarm immer unter die Tische.

Unweit meiner Heimat waren Bunker – und es gab das Gerücht, dass dort Atombomben lagern würden. ‚Stimmt nicht!', sagte das Militär. ‚Stimmte doch!', kam heraus, als das Militär dann abgezogen war. Kalter Krieg eben. Aufrüstung. Pershing II. Kernenergie war für mich immer mit Kriegsgefahr verbunden.", betonte er.

Kernenergie war für mich immer mit Kriegsgefahr verbunden.

„Als 1983 ‚The Day After' rauskam", fuhr er fort, „haben wir den Film in der Schule besprochen. Kernenergie war für mich identisch mit atomarer Bedrohung. Die saß uns einfach im Nacken. Und so sehr mein Kopf Ihre Argumente auch nachvollziehen kann," beendete mein Gesprächspartner seinen kleinen Exkurs in seine persönliche Geschichte der Kernenergie, „so wenig werde ich dieses ungute Gefühl in meinem Bauch los."

ANGST IST EIN GUTER VERKÄUFER …

Dieses ungute Gefühl im Bauch hinsichtlich der Kernenergie haben viele Menschen und ich kann das verstehen.

Die Kubakrise, ich war damals zwölf Jahre alt, ist mir noch gut in unguter Erinnerung. Dann auch die vielen Atombombentests, über die in den Medien und später auch im Fernsehen berichtet wurden, die auch geeignet waren, ein Klima der ständigen Bedrohung zu erschaffen.

Krieg schien oft näher als Frieden. Die Stellvertreterkriege Amerikas und Russlands über die Vorherrschaft sorgten für Unbehagen. Und vieles, was passierte, war ein guter Nährboden für Ängste, die im Übrigen auch gerne von der Presse und auch den Medien geschürt werden. Angst ist ein guter Verkäufer, so heißt es nicht zu Unrecht. Sie sorgt für Auflage und Publikum. Sehr empfehlenswert finde ich in dieser Hinsicht zum Beispiel das Buch „Die Mechanismen der Skandalisierung“ des Kommunikationswissenschaftlers Hans Mathias Kepplinger.[1] Er zeigt auf, wie unausgewogen die Medien agieren. Wie sie auf Sensationen, Skandale, auch Angst schürende Berichterstattung setzen, um Auflage zu erzeugen und für Aufmerksamkeit zu sorgen.

Angst ist einfach ein hervorragender Stoff, um Aufmerksamkeit zu erhalten. Und ein lohnenswerter Stoff, aus dem sich erfolgreiche Filme entwickeln lassen, die auch ich gesehen habe.

Ein guter Nährboden für Ängste.

Eindrucksvoll fand ich zum Beispiel den US-Film „Das China-Syndrom" aus dem Jahr 1979 mit Jane Fonda, Jack Lemmon und Michael Douglas, bei dem es um einen fiktiven Störfall in einem amerikanischen Kernkraftwerk geht. Eindrucksvoll auch deswegen, weil er zeitlicher Nähe zu dem Reaktorunfall im Kernkraftwerk Three Mile Island entstand. Auch mich machte „The Day After" sehr betroffen. Oder der deutsche Film „Die Wolke" aus dem Jahr 2006, der einen atomaren Störfall durchspielt.

Die Bedrohung durch Krieg, die seit Jahrzehnten immer auch eine atomare Bedrohung war, wurde für viele Menschen synonym mit der Kernenergie. Der prägende Kern der Wahrnehmung der Kernenergie ist ihre Beziehung zu Atomwaffen.

... ABER EIN SCHLECHTER RATGEBER

Anfänglich war in Deutschland die Anti-Atom-Bewegung eine belächelte Randerscheinung. Das änderte sich Mitte der 1970er-Jahre mit den massiven und medial viel beachteten Protesten gegen den Bau des Kernkraftwerks Wyhl nahe des Kaiserstuhls, nicht weit von meinem jetzigen Wohnort entfernt (sehr empfehlenswert zur Geschichte der Anti-Atom-Bewegung finde ich die Darstellung der Bundeszentrale für politische Bildung).[2]

Die Anti-Atom-Bewegung bekam weiteren Rückenwind, als die deutschen Medien extrem intensiv und negativ über den Reaktorunfall in Harrisburg 1979 berichteten. Endgültig verfestigt wurde das Negativ-Schema – die Risiken der Kernenergie sind generell nicht beherrschbar und ihre Nutzung ist folglich verantwortungslos – durch die Reaktorkatastrophe bei Tschernobyl 1986.

„Mit meiner Oma bin ich als Kind immer auf die Felder und habe Champignons gesammelt. Damit war es dann Ende April 1986 nach Tschernobyl vorbei." So berichtete mir eine Zuhörerin einer Konzeptvorstellung von Copenhagen Atomics. „Wir hatten einfach zu viel Angst vor den radioaktiven Niederschlägen. Und dass die Gefahr unsichtbar war, das machte es noch schlimmer."

Zu den realen Gefahren, denen wir hier in Deutschland durch den Reaktorunfall von Tschernobyl ausgesetzt waren, komme ich später im Buch anhand von UN-Datenmaterial noch. Hier nur so viel vorneweg: Ich habe nach wie vor Champignons von deutschen Feldern gegessen und auch Salat, den wir im Garten gezogen hatten, weil ich schon damals, angetrieben von einer gewissen Skepsis, nach Daten gesucht hatte, welche mir diese unsichtbare Gefahr greifbarer machten.

Dieses „greifbarer machen" ist nun allerdings genau das, was noch heute in der Debatte rund um Kernenergie zu kurz kommt.

„I want you to panic!" – Greta gab die Lösung aus, der unzählige Regierungen und Institutionen nun folgten: Fokus auf erneuerbare Energie. Ausstieg aus der Kernenergie. Erneuerbare Energien gut – Kernenergie schlecht. Leider ist Angst kein guter Berater.

Denn Angst, so hat es der Psychologe und Preisträger des Alfred-Nobel-Gedächtnispreis für Wirtschaftswissenschaften Daniel Kahnemann in seinem Buch „Schnelles Denken, langsames Denken" sehr einleuchtend analysiert, aktiviert ein Denken, dass uns nur kurzfristig weiterhilft.[3] Auf lange Sicht bleiben wir Menschen mit dieser Art des Denkens jedoch unter den Möglichkeiten, die uns mit unserer Vernunft, mit der ganzen Power der Rationalität, zu der wir fähig sind, zur Verfügung stünden.

Dieses kurzfristige, schnelle Denken ist wichtig, wenn uns Angst und Panik signalisieren: Jetzt musst du rasch handeln, um zu überleben! Schnelles Denken ist extrem erfolgversprechend, wenn der Löwe vor Ihnen auftaucht, der dann leider doch kein Wildschwein war.

Das schnelle Denken führt uns zur schnellen Bewertung von Situationen. Das ist hilfreich in vielen Situationen, aber eben nicht in der Beurteilung von komplexen Sachverhalten wie der Einschätzung von Gefahren der Strahlung. Denn auch hier kommt es auf die Dosis an, die aus der Kernenergie einen Fluch oder eben einen Segen (wie etwa bei einer modernen Strahlentherapie gegen Krebs) macht.

Schnelles Denken führt zu schnellen Bewertungen.

Unter dem Einfluss von Angst beurteilen und übernehmen wir sehr schnell eine uns plausibel erscheinende Bewertung. Informationen, welche dann gegen die schnell gefasste Meinung sprechen, werden abgeblockt, nicht mehr wahrgenommen oder nicht mehr akzeptiert – um so der eigenen Angst kein Futter zu geben. Das nennt man dann „confirmation bias".

Mit confirmation bias oder Bestätigungsfehler beschreibt Kahnemann das Phänomen, dass Menschen bei schnellem Denken dazu neigen, Informationen zu suchen, zu interpretieren und zu erinnern, die ihre bestehenden Überzeugungen oder Hypothesen bestätigen. Dabei vernachlässigen sie oft Informationen, die ihren Überzeugungen widersprechen könnten.

Und diese Vernachlässigung erkenne ich auch in der Verurteilung der Kernenergie. Schnelles Denken dämonisiert schnell und schnell landet der eine oder andere Gedanke im Feuer.

Ich möchte Ihnen und uns allen ein langsames Denken über Kernenergie nahelegen. Vielleicht ist das nicht sexy, nicht hipp, ja vielleicht sogar altmodisch, aber ich glaube dennoch, dass die Menschheit deswegen eine Erfolgsgeschichte ist, weil wir zu langsamem Denken fähig sind.

„Langsames Denken ist anstrengend und anstrengungsintensiv.“, so Kahnemann, „Wenn wir faul sind und unser Denken nicht anstrengen wollen, verlassen wir uns auf unsere Intuition, schnelles Denken. Wenn wir dementsprechend eine Frage falsch beantworten, verstehen wir das oft als Fehler des schnellen Denkens und schieben es darauf, dass unser ‚Bauchgefühl' uns im Stich gelassen hat. Aber das ist ein Irrtum.

Der wahre Fehler war oft das vertrauensvolle Verlassen auf ein Urteil, das wir nicht getroffen hatten.“

Ich bin ein Fan von eigenen Urteilen, die aus gründlichem Nachdenken entstehen, von Fakten, nicht Meinungen, von dem Licht der Aufklärung, nicht der Dunkelheit von Ideologie und Angst.

Angst und Panik lassen uns zu Maßnahmen greifen, die nicht durchdacht sind. Angst und Panik führen zu Kurzschlussreaktionen, von denen es beim Energiethema nur so wimmelt, sie dienen Machtinteressen und Ideologien – und eben nicht dem Wohlergehen der Menschen. Angst und Panik schalten das Denken aus, erlauben nicht, dass Sie und ich die für die Menschheit so zentrale Energieversorgung methodisch analysieren und unsere Möglichkeiten und Chancen sorgfältig differenzieren.

Angst und Panik machen aus der Kernenergie das Böse – wobei sie die Energie ist, mit der wir die Zukunft unserer Kinder und Kindeskinder möglich machen können. Die Energie, mit der wir die drängendsten Herausforderungen der Menschheit bestehen könnten …

Kapitel 2

Wie wir unsere Ressourcen verschwen-den …

Was sind die drängendsten Herausforderungen, vor denen wir als Menschheit stehen? Von den Vereinten Nationen wurden vor allem 17 Herausforderungen identifiziert, die angegangen werden müssen. Sie werden in der Liste der 17 Ziele für nachhaltige Entwicklung zusammengefasst:[4]

Keine Armut. Kein Hunger. Gesundheit und Wohlergehen. Hochwertige Bildung. Gleichstellung der Geschlechter. Sauberes Wasser und Sanitäreinrichtungen. Bezahlbare und saubere Energie. Menschenwürdige Arbeit und Wirtschaftswachstum. Industrie, Innovation und Infrastruktur. Weniger Ungleichheiten. Nachhaltige Städte und Gemeinden. Verantwortungsvolle Konsum- und Produktionsmuster. Maßnahmen zum Klimaschutz. Leben unter Wasser (Schutz und die nachhaltige Nutzung der Ozeane, Meere und Meeresressourcen für eine nachhaltige Entwicklung). Leben an Land (Schutz, Wiederherstellung sowie die nachhaltige Nutzung von Ökosystemen an Land). Frieden, Gerechtigkeit und starke Institutionen. Partnerschaften zur Erreichung der Ziele.

Die UN schreibt: „Die Ziele für nachhaltige Entwicklung sind wichtige, die Welt verändernde Ziele, für deren Erreichung Regierungen, internationale Organisationen und Entscheidungsträger weltweit zusammenarbeiten."

Und ich glaube, dass unter diesen 17 wichtigen Zielen die Nummer Sieben, „Bezahlbare und saubere Energie“, von besonderer Wichtigkeit ist: Weil es uns ohne bezahlbare und saubere Energie nicht gelingen wird, die anderen Ziele zu verwirklichen: Wir werden nicht die Armut, nicht den Hunger, nicht die Gesundheit fördern, nicht für Bildung und Gleichstellung sorgen und schon gar nicht nachhaltig den Klimaschutz unterstützen ohne genügend bezahlbare Energie.

Bezahlbare und saubere Energie steht im Zentrum unserer Zukunft. Ein Problem dabei ist allerdings: Mit der Energie, die heute zumeist als bezahlbare und saubere Energie propagiert wird, also den erneuerbaren Energien, werden wir das nicht schaffen. Warum?

DIE ENDLICHKEIT ERNEUERBARER ENERGIEN

Der Silicon-Valley-Unternehmer, Stanford-Dozent und Buchautor Tony Seba (bekanntestes Buch: „Die saubere Revolution 2030“) ist eine einflussreiche Stimme im Chor der Befürworter der erneuerbaren Energien.[5]

Eine seiner Thesen besagt, dass erneuerbare Energien unendlich verfügbar seien. Er geht davon aus, dass es ein neues Energiesystem geben wird, in der Energie fast kostenlos ist.

Eine Begründung seiner Argumente sieht er in den historisch fallenden Preisen von Wind- und Solarenergie, von Batterien und Elektrofahrzeugen – er erkennt in diesen fallenden Preisen eine Tendenz, die anhalten wird. Die Fortschritte bei der Batterietechnologie spielen also eine entscheidende Rolle in Sebas Zukunftsprognose.

Weil er diese Fortschritte als herausragend ansieht, erkennt er als Unternehmer in erneuerbaren Energien und nachhaltigen Technologien große wirtschaftliche Chancen. Er glaubt, dass dieser Weg zu neuen Arbeitsplätzen führt, Innovationen vorantreibt und die Wirtschaft ankurbelt. Zudem sei der weltweite Umstieg auf erneuerbare Energien wie Solarenergie, Windkraft, Geothermie und Wasserkraft alternativlos, um die schädliche Abhängigkeit von fossilen Brennstoffen zu reduzieren und den Klimawandel zu bekämpfen.

Meiner Ansicht nach sind Sebas Annahmen viel zu optimistisch.

Sein Gedankengang – wie überhaupt der alleinige Fokus auf erneuerbare Energie – ist aber angesichts mehrerer Entwicklungen nicht belastbar:

Der Energiebedarf weltweit steigt weiter an – um plus 50 Prozent bis zum Jahr 2050, wie etwa Lars Schernikau in seinem Buch „Unbequeme Wahrheiten" ausführt.[6]

85 Prozent des weltweiten Energiebedarfs wird erzeugt durch Öl, Kohle und Gas – da diese Energieformen bis 2050 eliminiert werden sollen, sollen erneuerbare Energien in die Bresche springen. Der menschliche Fortschritt ist schließlich auf Energie angewiesen und Länder wie China, Indien und Schwellenländer in Afrika erhöhen ihren Energieverbrauch massiv. Lars Schernikau rät deswegen zu einem vernünftigen Energiemix: Energiepolitik und Investoren sollten weder Wind, Solar, Biomasse, Erdwärme, Wasserkraft, Kernkraft, Gas noch Kohle bevorzugen, sondern alle Energiesysteme unterstützen, um Energieknappheit und Energiearmut zu vermeiden.

Aber: Die erneuerbaren Energien sind nicht fähig, diesen erhöhten Energieverbrauch zu liefern – selbst, wenn wir diese weiterhin in einem solchen, wie ich finde, unvernünftigen Umfang subventionieren.

Die weltweit benötigten Ressourcen der geplanten Energiewende sind nicht vorhanden, wie Sie bei Simon Michaux erfahren können:[7] Zum einen ist der Ressourcenbedarf pro erzeugter Kilowattstunde bei erneuerbaren Energien um Potenzen höher als bei konventionellen Energieträgern und diese Ressourcen sind in der Menge nicht vorhanden. Zum anderen sind schon jetzt die für Batterien, für die Geräte, für die Technologien benötigten Rohstoffe, immer schwerer zu fördern – und werden dadurch teurer werden. Zudem sind benötigte Materialien wie z. B. Kupfer, Nickel, Lithium, Kobalt etc. heute vor allem in nicht-westlichen, autokratischen Staaten verfügbar und werden hauptsächlich in China verarbeitet. Wir geraten also über den Fokus auf erneuerbare Energie in eine enorme Abhängigkeit, auch preislich.

Wir geraten also über den Fokus auf erneuerbare Energie in eine enorme Abhängigkeit.

Kurz: Erneuerbare Energien sind aufgrund der vorhandenen Ressourcen nicht ausreichend verfügbar – und deswegen kritisch zu sehen.

Verstehen Sie mich nicht falsch: Ich sage nicht, Windkraft, Solarenergie und andere erneuerbare Energien seien generell schlecht, sie sollen dort eingesetzt werden, wo sie wirtschaftlich sind.

Ich habe selbst eine Solaranlage auf dem Dach, weil ich vom Energieversorger unabhängig werden wollte. Ich plädiere für Augenmaß und Vernunft. Und ein vernünftiger Blick auf die derzeitige Energiewende und die unkritische Hochlobung der erneuerbaren Energien sagt mir:

Der Preis für uns alle, für die Menschheit, ist zu hoch.

DER PREIS DER ENERGIEWENDE

Weil die Knappheit der aktuell benötigten Ressourcen die Preise hochtreibt.

Um Ihnen einen Eindruck zu vermitteln, stütze ich mich auf die Ausführungen von Mark P. Mills, dass es nicht genügend Bergbaukapazitäten gebe, um den Materialbedarf für die grüne Transformation, den ‚Green Deal', die geplante Energiewende, zu bewerkstelligen.[8] Und für den Bau und die Genehmigung einer neuen Mine würden durchschnittlich 16 Jahre benötigt.

Wenn Sie sich die verfügbaren Daten ansehen, dann erkennen Sie, dass sich die Preise für Kupfer und viele andere Rohstoffe, die für die Energiewende gebraucht werden, in den letzten zehn Jahren verdoppelt haben. Und diese Teuerung wird sich, da bin ich sicher, fortsetzen.

Denn die guten Lagerstätten wichtiger Rohstoffe sind schon erschlossen und teilweise erschöpft, neue Lagerstätten müssen gefunden, Genehmigungen erteilt und dann die benötigte Infrastruktur gebaut werden. Dieser Prozess ist kompliziert – und teuer. Wer Rohstoffe hat, lässt sie sich immer teurer bezahlen, die Nachfrage bestimmt den Preis.

Ein gefährliches Spiel, denke ich, weil ich die Gefahr sehe, dass einmal um Ressourcen nicht mehr auf dem Markt gerungen wird, sondern es um handfeste staatliche Auseinandersetzungen geht. Denken Sie nur an den Kampf um Öl ... Seit jeher haben Menschen um begrenzte Ressourcen wie Land, Wasser, Nahrungsmittel und Rohstoffe gekämpft. In der Neuzeit wurden Ressourcenkämpfe durch den Aufstieg von Kolonialismus und Imperialismus verschärft.

Europa eroberte und beherrschte weite Teile Afrikas, Asiens und Amerikas, um ihre Rohstoffe und Bodenschätze auszubeuten.

Wir stehen heute vor der Herausforderung – und die Liste der Vereinten Nationen gibt hiervon eindringlich Zeugnis –, dass die Nachfrage nach Energie, Nahrungsmitteln und Wasser enorm steigt und gleichzeitig die Auswirkungen des Klimawandels die Konkurrenz um begrenzte Ressourcen verschärfen. Und ich erkenne in den erneuerbaren Energien keinen gangbaren Ausweg.

Politiker und viele Entscheider national und weltweit verstehen meines Erachtens nicht, dass der Preis der Energiewende zu hoch ist, und verlangen industrielle Änderungen in gewaltigen Dimensionen.

Sie könnten einen Vergleich zu China und Mao Zedong ziehen, der in China eine industrielle Revolution starten wollte: Jeder Bürger, darunter auch die Bauern, sollte demnach Stahl produzieren. Das Ganze ist im Chaos geendet und 20 bis 30 Millionen Menschen sind verhungert, weil die Produktion von Nahrungsmitteln vernachlässigt wurde.

Ja, ich finde: Der Preis ist zu hoch.

Laut McKinsey belaufen sich die Kosten der Energiewende auf 6.000 Milliarden Euro.[9]

Was bedeutet das für unseren Wohlstand? Ich denke, ausgehend von meiner ganzen Erfahrung als Unternehmer, dass wir vor einem massiven Umbau der Wirtschaftslandschaft stehen mit Deindustrialisierung und Massenarbeitslosigkeit, weil wir es auf diesem Weg eben nicht schaffen, für bezahlbare Energie zu sorgen.

Der Preis ist zu hoch.

Und wie sieht es mit der sauberen Energie aus? Sind erneuerbare Energien wenigstens sauber?

ERNEUERBARE ENERGIE UND UMWELTSCHUTZ

Aufgrund der geringeren Energiedichte werden durch den Einsatz von erneuerbaren Energien häufig enorme Flächen verbraucht. Der Klimaschutz als Ziel sorgt somit für eine Belastung der Umwelt.

Windkraftanlagen sind riesige Industrieanlagen mit über 200 Metern Höhe und sie greifen in die Natur ein, haben eine sehr geringe Effizienz in Bezug auf die erzeugte Energie im Verhältnis zum Materialeinsatz und Flächenverbrauch. Das Gleiche gilt auch für Solaranlagen.

Elektroautos haben einen sechsmal höheren Materialienverbrauch als Verbrenner. In Bezug auf den Ausstoß von CO_2 sind E-Autos gegenüber Verbrennern im Moment erst ab circa 150.000 Kilometern im Vorteil.

Walter Rüegg führt in seinem Gastkommentar „Die toxische Seite der Solarpanels …“ für die Neue Zürcher Zeitung aus, dass wir, um „gleich viel Strom zu erzeugen wie ein Kernkraftwerk, […] die Sonnenenergie auf einer Fläche von 50 bis 100 Millionen Quadratmetern einfangen [müssten].“[10]

Die Folge: ein Rohstoffbedarf, der je nach Material bis um das Hundertfache höher liegt. Um das Problem des „Flatterstroms" zu umgehen, müssen bei ungenügender Stromproduktion Ersatzsysteme mit zusätzlichen Kosten, zusätzlichem Rohstoffbedarf und zusätzlichen CO_2-Emissionen einspringen.

Zum Ressourcenverbrauch schreibt er: „Auf ein einzelnes Solarmodul entfallen gut 1 Kilogramm Kupfer – und etwa 200 Kilogramm Bergbauschlämme. Diese Schlämme, Tailings genannt, bestehen aus fein vermahltem Erz, aufgelöst in starken Säuren, Basen oder anderen Lösungsmitteln. ...

Weltweit verursacht die [Photovoltaik] rund 100 Millionen Tonnen Kupfer-Tailings – pro Jahr. Da sie nicht radioaktiv sind, das heisst nicht zerfallen, bleiben sie bis ans Ende der Zeiten unverändert toxisch."

90 Prozent des Verlustes an Biodiversität und der globalen Wasserproblematik wird durch den Bergbau und die anschließende Verarbeitung verursacht. Ich erinnere mich an eine Fahrt mit unserer Basketball-Herrenliga in die Toskana. Wir saßen im Auto und sahen die felsige Landschaft an uns vorbeiziehen. An den gigantischen Steinbrüchen konnten wir die Arbeiter beobachten, wie sie in den Felsen schlugen, um das Marmor herauszuholen. Sie gruben tief in diesen riesigen Berg hinein, durchlöcherten ihn

regelrecht, trugen ihn immer weiter ab, um an seine wertvolle Ressource zu gelangen. Durch die moderne Technik gelangen sie immer tiefer in das Gestein – und der Berg schwindet Stück für Stück.

Ich sehe es nicht als sinnvoll an, den Bergbau in den Dimensionen voranzutreiben, der für die Energiewende nötig wäre, um an die Rohstoffe zu kommen.

Ich denke: Wer das Klima retten möchte, sollte möglichst schnell die Kernenergie einsetzen: Sie ist – wenn Sie vernünftige Kriterien anlegen – auf dem heutigen Entwicklungsstand schneller auszubauen, günstiger, effizienter, unendlich verfügbar, sicherer und sauberer.

Also warum setzen wir weiterhin auf erneuerbare Energie als „bezahlbare und saubere Energie“?

Kapitel 3

Warum uns Ideologie ins Mittelalter führt

Als „grün" geltende erneuerbare Energie ist also beileibe nicht so grün, wie es im Zuge der Klima- und Energiewende oft suggeriert, wie es von der Politik und am Klima- und Umweltschutz interessierten Menschen gewollt wird.

Ein weiteres Problem erneuerbarer Energien: Sie sind ohne Subventionen nicht zu haben, denn sie können nicht marktwirtschaftlich wirtschaften: Mal ist zu viel Strom vorhanden, weil der Wind bläst, die Sonne brennt – und die Stromerzeuger müssen abgeregelt oder zu negativen Preisen ins Ausland verkauft werden. Mal wird in einer Dunkelflaute zu wenig Strom produziert, weswegen unwirtschaftliche Backup-Kraftwerke vorgehalten werden müssen, um zu garantieren, dass Strom vorhanden ist, wenn er gebraucht wird. Sehr erhellend finde ich hierzu die Ausführungen von Hans-Werner Sinn, ehemals Präsident des ifo Instituts für Wirtschaftsforschung, zum Beispiel in seinem Buch „Das grüne Paradoxon – Plädoyer für eine illusionsfreie Klimapolitik."[11]

Über vernünftige Alternativen, einer Alternative zum Beispiel, wie sie die moderne Kernenergie bietet, wird nicht gesprochen. In den Kreisen derjenigen, die über unsere energetische Zukunft sprechen, die somit über die Zukunft der Menschheit sprechen, scheint da ein blinder Fleck zu sein. Ein Tabu sogar: „Darüber spricht man nicht ..."

Die Folge: Unsere Energiewende erscheint wie eine „Planwirtschaft ohne Plan“ und gilt für viele, die eben doch vernünftig und mit Augenmaß auf unsere energetischen Möglichkeiten schauen, als gescheitert.

Die Geschichte der Kernenergie ist eine Geschichte, die mit großen Hoffnungen, aber auch mit großen, nachvollziehbaren Ängsten einhergeht. Und immer war die Geschichte der Kernenergie auch ein Spielfeld unterschiedlichster Ideologien. Aber wohin geht die Reise unserer Gesellschaft und unserer Wirtschaft, wenn unsere Reiseleiter diese Reise nicht gründlich und vernünftig planen? Vielmehr noch aus eigenen Ängsten heraus oder vor allem aus ideologischen Gründen bestimmte, sinnvolle Routen ausschließen?

DAS ENDE VERNÜNFTIGER ENERGIEPOLITIK

Nach dem Nuklearunfall von Fukushima im März 2011 hat Bundeskanzlerin Angela Merkel eine Ethikkommission eingesetzt, um die Konsequenzen für die deutsche Politik zu beratschlagen.

In dieser Kommission war kein Fachmann für Kernenergie dabei, der eine objektive, wissenschaftliche Stimme in diese Beratung hätte einbringen können.

Die objektive, wissenschaftliche Stimme fehlte.

Schon am 30. Juni 2011 beschlossen Bundestag und Bundesrat mit deutlicher Mehrheit, dass die sieben ältesten deutschen Kernkraftwerke und das Kernkraftwerk Krümmel sofort stillzulegen sind, und dass alle übrigen deutschen Kernkraftwerke bis 2022 stillgelegt werden sollten. Am 15. April 2023 um 23:59 Uhr wurde mit Neckarwestheim II das letzte deutsche Kernkraftwerk auf Dauer abgeschaltet und die Kernenergieproduktion in Deutschland beendet.[12]

Was hätte eine objektive, wissenschaftliche Stimme in die Debatte über Kernkraft einbringen können, um vernünftige Aspekte zu Gehör zu bringen? Aspekte, die dem gängigen Bild der Kernenergie, das von der Angst vor Atomkriegen, Super-GAUS wie Tschernobyl, einem Unfall wie Fukushima, gezeichnet wird, andere Facetten hinzufügen?

Eine solche Stimme hätte zum Beispiel das gängige LNT-Modell der Strahlenbelastung hinterfragen können (LNT = Linear-No-Threshold-Modell = Linear ohne Schwellenwert). Ein Modell, das besagt, dass jede noch so geringe Dosis von atomarer Strahlung das Risiko erhöht, an Krebs zu erkranken. Ein Modell, auf dessen Basis das Bundesamt für Strahlenschutz (BfS) die Grenzwerte festlegt, wobei diese Grenzwerte nicht als Trennlinie zwischen gefährlichen und ungefährlichen Strahlenexpositionen gelten. Die Überschreitung eines Grenzwertes bedeutet vielmehr, dass die Wahrscheinlichkeit für das Auftreten gesundheitlicher Folgen über einem als annehmbar festgelegten Wert liegt.

Fazit des LNT-Modells ist: Strahlung und damit Kernenergie ist per se gefährlich. Aber ist das wirklich so?

Nach der Hormesis-Theorie macht die Dosis das Gift. Dieses Modell besagt, dass unter einem Grenzwert keine Gefährdung der Gesundheit existiert und im Gegenteil geringe Dosen schädlicher oder giftiger Substanzen – zum Beispiel auch atomare Strahlung – eine positive Wirkung auf Organismen haben können. Dieses Prinzip liegt beispielsweise Impfungen zugrunde, zum Beispiel den Impfungen gegen Pocken. Ein Beleg für die Hormesis-Theorie ist die Erkenntnis, dass ein Aufwachsen in einer keimfreien Umgebung nicht gut für die Gesundheit ist.

Unser Körper braucht eine dauernde Auseinandersetzung mit Keimen in niedriger Dosis um das Immunsystem stark zu halten. Es kommt auf die Dosis an – auch bei radioaktiver Strahlung. Radioaktivität in geringen Dosen (einmalige Strahlung von 100 Millisievert [mSv] oder jährliche Strahlung von 200 mSv) verringert das Risiko, an Krebs zu erkranken, wie etwa Charles L. Sanders ausführte, erzeugt einen positiven gesundheitlichen Effekt und verbessert das Immunsystem insgesamt.[13]

Die Dosis macht das Gift.

Ein sehr einprägsames Beispiel aus dem Buch von Charles L. Sanders ist für mich Folgendes: In Taiwan wurde in den Achtzigerjahren beim Bau von 180 Häusern versehentlich Stahl verbaut, der mit radioaktivem Cobalt-60 kontaminiert war, 10.000 Menschen wurden über 22 Jahre in den Häusern der Strahlung ausgesetzt. Die durchschnittliche Dosis im ersten Jahr war 49 mSv, maximal 600 mSv, die durchschnittliche Dosis über 20 Jahre war 400 mSv und maximal 4.000 mSv. Nach der LNT-Theorie wären nun mehr Krebserkrankungen als im Bevölkerungsdurchschnitt zu erwarten gewesen.

Aber die Zahl der Krebserkrankungen sank weit unter den Wert der allgemeinen Bevölkerung: 232 Personen hätten an Krebs erkranken müssen, um den Wert zu bestätigen, den die LNT-Theorie nahelegt, es waren aber nur sieben.

Die Konsequenzen in der Anwendung der LNT-Theorie sind gravierend. Die friedliche Nutzung der Atomkraft wurde mit dieser Theorie fast unmöglich gemacht.

Eine objektive Beurteilung der Schäden durch Radioaktivität in Fukushima, wie zum Beispiel auch von Tschernobyl, wurde erschwert, weil objektive Daten – denken Sie bitte an den Mechanismus des confirmation bias, den ich Ihnen im ersten Kapitel skizziert habe – den gewollten Ergebnissen widersprechen.[14]

Die unmittelbaren Folgen sind bekannt: Das Aus für die Kernenergie. Der massive Ausbau erneuerbarer Energien. Und die weiteren Folgen?

DAS ENDE UNSERER GEMEINSCHAFT

Ulrike Herrmann hat in ihrem Buch „Das Ende des Kapitalismus“ sehr hellsichtig die Folgen einer Energiepolitik beschrieben, die allein auf erneuerbare Energie setzt.[15] Sie kommt zu dem Schluss, dass erneuerbare Energien nicht zuverlässig funktionieren. Ein Schluss, den ich, wie Sie gelesen haben, mitgehe. Allerdings halte ich ihre Folgerungen für unsere Gesellschaft und unsere Wirtschaft für katastrophal.

Ulrike Herrmann führt aus, dass der Bedarf an Mineralien explodieren wird, wenn die ganze Welt klimaneutral wirtschaften will – und dieser Bedarf sei nicht zu decken. Es sei denn, wir schränken uns ein. Es sei denn, wir verbrauchen weniger Ressourcen.

Ihre Botschaft: Das Ende des Kapitalismus ist gekommen, wenn wir klimaneutral wirtschaften wollen. Sie nennt den Begriff nicht, aber meines Erachtens führt der von ihr vorgeschlagene Ansatz zu einem Degrowth. Es geht um die Abkehr vom Wachstum der Wirtschaft, um die ökologischen Lebensgrundlagen zu erhalten. Wenn wir die Menschheit retten wollen, muss der Kapitalismus untergehen. Wir müssen zurück zum Lebensstandard der Siebzigerjahre.

Und damit das möglich wird – sie nimmt Bezug auf die Kriegswirtschaft in England 1941, die für sie ein positives Beispiel des Notwendigen ist –, muss der Staat vorgeben, was produziert wird.

Aus meiner Sicht als Unternehmer funktioniert das nicht, Planwirtschaft ist eben kein erfolgreiches Modell des Wirtschaftens. Die staatliche Bürokratie wird weiter stark zunehmen. Die Innovationen werden drastisch zurückgehen, weil Innovationen in einem Umfeld der Regulierung und Planung nicht entstehen.

In einer solchen Planwirtschaft sehe ich eine Gefahr für unsere Freiheit, für unseren Wohlstand, für unser Zusammenleben. Weil eine solche Planwirtschaft das fördert, was Gerd Ganteför „Das Gesetz der Herde" genannt hat; die beständige Gefahr, in der wir Menschen als Wesen, die stark von dem Bedürfnis nach einer Gruppenzugehörigkeit bestimmt werden, schweben: nämlich uns in eine Hierarchie einzuordnen. „Unsere menschlichen Urinstinkte bringen die Demokratie immer wieder in die Gefahr eines schleichenden Überganges in eine totalitäre Gesellschaft."[16]

Eine Gefahr, die ich im Gruppenverhalten der Anti-Atom-Bewegung erkenne, weil dieses Gruppenverhalten Politik geworden ist, und als solche auch die Glaubensinhalte der Gruppe als ideologische Richtschnur für alle festschreibt.

„Das Gesetz der Herde" fördert eben nicht das vernünftige Denken, es ist kein Denken, das Skepsis erlaubt oder einen offenen Austausch oder geistigen Wettbewerb. Es ist vielmehr ein Denken, welches Menschen auf Linie bringt, weil es darum geht, den einzelnen Menschen, ganze Staaten, auf ein übergeordnetes Ziel einzuschwören: die Rettung der Welt durch Verzicht und Regulierung.

Es ist ein Denken, das Antony P. Müller in seinem Buch „Technokratischer Totalitarismus" beschreibt:[17]

„Sobald eine wissenschaftliche Weltregierung dabei ist, sich zu etablieren, besteht ihre erste Aufgabe darin, die Produktion weltweit zu organisieren. Die Güterproduktion wird nicht mehr Sache privater Betriebe, sondern den Befehlen der Regierung unterstellt sein. Was bislang nur für die Kriegswirtschaft galt, wird nun universell eingeführt. ... Je organischer die Gesellschaft als ein Kollektiv sich herausbildet, desto mehr wird die individuelle Freiheit eingeschränkt. Dies gilt auch für die Meinungsäußerung. Am Ende steht die Tyrannei, auch wenn sie ursprünglich nicht gewollt war."

AM ENDE – DIE IDEOLOGIE

Ich wünsche mir für unsere Zukunft und die Zukunft meiner Enkel eine andere Welt. Eine Welt, die nicht auf Verzicht und auf Kontrolle setzt, sondern auf Fülle und Freiheit.

Dabei gehe ich optimistisch davon aus, dass es unsere Politiker und Entscheider, alle Gremien und Umweltschutzorganisationen, gut mit uns meinen, dass sie nur das Beste für uns wollen. Ich möchte nicht generell annehmen, dass zum Beispiel Ängste vor dem Klimawandel, die Angst vor atomarer Bedrohung, bewusst genutzt werden, um die eigene Macht zu sichern, um Spenden zu generieren, um durch „Angstmacherei" die Menschen zu manipulieren – oder im Falle der Medien, Auflage zu machen.

Aber wenn Sie dieses Beste durch die Brille der Ideologie sehen, dann ist das gefährlich, wie das Beispiel der Energiewende zeigt: Eine Ideologie des Mangels, der Verknappung, letztlich auch der Angst, die deswegen die Möglichkeiten und Chancen verkennt, die wir haben – und die viel zu schnell und unbedacht einen Weg eingeschlagen hat, der in gerade Linie aus einer lebenswerten Welt hinausführt.

Die Kernaussage von Vaclav Smils Werk „Wie die Welt wirklich funktioniert" ist, dass das Energiesystem der Menschheit über lange Zeiträume hinweg entstanden ist und Veränderungen im Energiesektor sorgfältige Planung erfordern, um langfristige Stabilität und Nachhaltigkeit zu gewährleisten.[18]

Smil betont die historische Evolution des Energiesystems, die Notwendigkeit einer realistischen Herangehensweise an erneuerbare Energien und die komplexe Beziehung zwischen Energie, Technologie, Wirtschaft und Umwelt.

Smil schaut auf die Menschheitsgeschichte, von den Anfängen der Jäger und Sammlerkulturen über die Agrargesellschaften bis hin zu heutigen hochtechnisierten Gesellschaften. Fortschritt war aus seiner Sicht immer eine Frage des Energieeinsatzes zur Nahrungsgewinnung, zur Verbesserung der allgemeinen Lebensumstände und zur Verringerung von Lebensrisiken.

Und ich denke, in einer solch wichtigen Frage sollten wir uns nicht von zu schnellen, aktionistischen Überlegungen leiten lassen, bei denen wir allzu schnell Ideologien aufsitzen.

Ich denke, dass uns am Ende Ideologie nicht weiterbringt. Auch nicht die Ideologie einer allein selig machenden Kernenergie.

Was ich mir wünsche? Ich wünsche mir Skepsis, um auch noch dort vernünftige Fragen zu stellen, wo ein Tabu sie vielleicht verbietet. Ich wünsche mir den Optimismus, dass der Mensch als vernünftiges Wesen in der Lage ist, mittels seiner Vernunft die Welt zu einem besseren Ort zu machen – und sich nicht zurück ins Mittelalter zu katapultieren. Und gerne möchte ich Sie zu dieser Skepsis und zu diesem Optimismus verführen ...

Teil 2:

skeptisch, neugierig, langfristig

Kapitel 4

Warum uns Skepsis weiterbringt

Was ist das überhaupt, diese Skepsis, von der ich denke, dass sie Ihnen und mir bei vielen Problemen, die wir lösen, und Herausforderungen, die wir angehen sollten, hilft?

Befragen Sie den Wissensschatz unserer kulturellen Geschichte, dann erkennen Sie in der Skepsis eine Haltung: die Haltung, Dinge, die als unerschütterlich wahr gelten, zu hinterfragen. Positionen, von denen Ihnen jemand sagt, das sei in Stein gemeißelt, „Das ist einfach so!“, „Das war schon immer so.“, „Da brauchen wir schon gar nicht drüber reden!“ von einer anderen Warte zu betrachten, erst einmal zu schauen, ob Sie nicht für Sie schlüssige Argumente gegen eine solche Position finden. Bevor Sie auf diese Position einschwenken und sie für sich als wahr annehmen.

Wenn Sie skeptisch sind, dann sind Sie bereit, Ihre bestehenden Überzeugungen zu hinterfragen, und Sie sind offen für neue Erkenntnisse. Skepsis halte ich insofern für etwas sehr Schönes, weil Menschliches. Für mich steckt da viel Optimismus drin – weil sie für Beweglichkeit im Geist, für mehr Wissen sorgt. Denn wer skeptisch ist, der glaubt daran, dass es noch eine bessere Lösung, einen lohnenswerteren Weg als den üblichen gibt. Skepsis ist auch eine Form von Energie. Mich treibt diese Energie auf jeden Fall an ... als Unternehmer, als Ehemann, Vater, Opa und als Autor.

Für mich ist Skepsis eine Haltung, mit der ich versuche, einem zu viel der Ängstlichkeit, der Panik und der Ideologie entgegenzutreten. Wenn Sie wollen, so eine Art Heilmittel gegen Einseitigkeit und Emotionen, die Ihnen den klaren Blick vernebeln können. Einen klaren Blick, den wir bei der Kernenergie auf jeden Fall brauchen, um uns, unsere Kinder und Kindeskinder nicht um ihre Zukunft zu bringen.

IST DAS WIRKLICH SO?

Das Wunderbare im Alter ist: Sie haben Zeit, sich wirklich intensiv mit Dingen zu beschäftigen, sich mit Themen wirklich auseinanderzusetzen, die Ihnen bedeutend erscheinen.

2011, als in Japan das Atomkraftwerk Fukushima durch einen Tsunami beschädigt wurde und Kernschmelzen ausgelöst wurden, geriet die Welt in Panik. Zu dieser Zeit bin ich geschäftlich viel durch die ganze Welt gereist: Europa, USA, Asien – auch nach Japan. Immer unterwegs.

Schon damals stand ich dem Ausstieg aus der Kernkraft, der aufgrund dieses Unglücks angestrebt wurde, skeptisch gegenüber: Denn hierzulande war die radioaktive Strahlung, die bei dieser Katastrophe freigesetzt wurde, durch die riesige Entfernung kaum mehr messbar. Aber damals war ich nicht tief genug in der Materie. Ich war anderweitig beschäftigt, mit meiner Firma, meiner Familie, dem Alltag.

Neun Jahre nach Fukushima aber, 2020, als die Corona-Pandemie Einzug hielt, war ich kaum noch im Geschäft. Mein Sohn Wilhelm führte unseren Familienbetrieb zu dieser Zeit bereits. Ich konnte mich nun anderen Themen widmen. Zumal der Alltag in Lockdown-Zeiten bedeutete: zuhause bleiben. Wir wussten ja alle nicht, welche Auswirkungen das Virus hat, also hielten wir regelkonform Abstand. Auch zu unseren Enkelkindern. Eine harte Zeit, in der ich viel gelernt habe.

Kinder eröffnen eine andere Perspektive auf die Welt. Es ist ein so großes Geschenk, sie auf ihrem Lebensweg begleiten zu dürfen. Als Vater sorge ich mich um die Entwicklung meiner Kinder, als Großvater um die Welt, in der meine Enkelkinder aufwachsen. Und das können Sie weiterspinnen und sich fragen, wie die menschliche Entwicklung wohl weitergeht. Wo stehen Ihre Kinder in 20 Jahren, Ihre Enkelkinder in 50 Jahren?

Bei mir fangen bei diesen Überlegungen wieder die Rädchen in meinem Kopf an, sich zu drehen: Wie geht es weiter? Nicht nur in der nächsten, der übernächsten Generation. Wie sieht die Welt in zehn oder hundert Generationen aus? Wird die Welt für sie noch lebenswert und liebenswert sein? Und was kann ich heute dafür tun?

Und mehr und mehr merke ich in den vergangenen Jahren, dass mich die gängigen Antworten nicht wirklich zufrieden stellen – meine Skepsis wächst. Und immer mehr merke ich, dass mich gerade die bestehenden Überzeugungen hinsichtlich unserer Energieversorgung skeptisch machen.

Ich frage also nach, recherchiere, und je klarer mir wird, dass die Energie der Schlüssel für so vieles ist, umso leidenschaftlicher tauche ich in die Materie ein.

Denn ich bin mir sicher: Nachfragen, Wissbegier, Skepsis sind eine gute Basis für eine lebenswerte und liebenswerte Zukunft. Eine wirklich bedeutende Ressource.

UNSERE WICHTIGE RESSOURCE

Nate Hagens, Direktor des amerikanischen Forschungsinstituts für Energie und Zukunft (ISEOF), drückt es auf seinem Podcast „The Great Simplificaton" treffend so aus: „Energie ist die Grundlage unserer Zivilisation."[19] Da hat er vollkommen recht!

Aber skeptisch bin ich, wenn er weiter ausführt, dass unsere Ressourcen zur Energiegewinnung endlich sind. Wenn er diese Endlichkeit als Nährstoff für die Gier des Menschen beschreibt: Wir wollen immer mehr, schöpfen alle Potenziale aus, investieren in dieses kostbare Gut und die Energiepreise steigen ins Unermessliche. Ein Mechanismus, der unser Finanzsystem irgendwann zum Platzen bringen könnte.

Ich bin, was die Ressource Energie angeht, optimistischer, weil ich auf die größte Ressource des Menschen setze: seine Fähigkeit, sich vernünftig weiterzuentwickeln.

Energie ist die Grundlage unserer Zivilisation.

Aber apropos Optimismus … Während Hagens die Entwicklung der Erde und unserer Gesellschaft schwarzmalt, spricht ja Tony Seba sehr optimistisch von der wunderbaren Welt der erneuerbaren Energien. Nur: Wenn diese Energien wirklich im Überfluss vorhanden wären, dann verdient damit auch niemand mehr Geld. Dann wird kein Geldgeber mehr in diese Energien investieren können. Dieser hohe Ressourcenverbrauch, um kostenfreie Energie zu bekommen – das ergab in meinem Kopf auch kein rundes Bild … und ich begann, mich einzulesen in den Tiefen des Internets und auf Social Media.

Auch hier natürlich mit der richtigen Portion Skepsis. Denn einerseits sind die sozialen Netzwerke etwas Wunderbares: Die Algorithmen spielen Ihnen genau die Inhalte aus, die Sie zu einem Thema tiefergehend interessieren könnten. Sie bekommen immer wieder neue Hinweise, können sich ein rundes Bild erschließen. Gleichzeitig besteht andererseits natürlich auch die Gefahr, in eine Blase hineinzugeraten.

Wir Menschen sind sehr von den in unserem Gehirn abgespeicherten Mustern beeinflussbar. Suchen nach Inhalten, die der eigenen Grundüberzeugung entsprechen. Deswegen finde ich es wichtig, auch immer die Gegenseite anzuhören, den eigenen Geist etwas herauszufordern und zu stressen: Aus welcher Motivation heraus ist dieses YouTube-Video erstellt worden? Wer hat dieses E-Book produziert?

Wenn ich weiß, dass ein Artikel von dem Bundesverband Erneuerbare Energien e.V. kommt, kenne ich den Beweggrund, weiß, in welche Richtung die Inhalte mich steuern.

DIE BESSERE LÖSUNG – MEIN ZUKUNFTSTRAUM

Ich will keine Quelle und schon gar keine Person verurteilen. Viele Artikel, die ich bisher während meiner Recherche studiert habe, viele Videos stellen Sachverhalte und Systeme super dar und ich werde mich in diesem Buch nach wie vor immer wieder auf einige Quellen beziehen.

Ich bin jedoch überzeugt von dem Naturprinzip, dass sich das bessere Konzept durchsetzt. Sie sehen das in der menschlichen Entwicklung und auch im Wirtschaftssystem, in der sozialen Marktwirtschaft. Es besteht immer ein Wettstreit der Ideen untereinander, um zu besseren Lösungen zu kommen. So entwickeln wir uns als Menschheit weiter. Das ist Fortschritt. Die bessere Idee gedeiht, setzt sich durch, während die restlichen sterben.

Dieses interessante Lebensprinzip des Wettstreits, durchaus ein Wettstreit der Skepsis, können Sie durchgehend auf alle Systeme anwenden: So sollte es auch in unserer Politik und unserer Wirtschaft sein – die besseren Lösungen sollten sich durchsetzen, ohne dass die, die die Wahlen verloren haben, gleich in den Abgrund gestoßen werden. Es geht um die langfristig besten Ideen. Die Lösungen, die uns die Zukunft sichern.

Aus diesem Grund lehne ich ja auch eine Planwirtschaft, wie sie etwa Ulrike Herrmann in ihrem Buch „Das Ende des Kapitalismus" skizziert, um den Klimawandel in den Griff zu bekommen, ab. Ohne Marktwirtschaft, das Prinzip der besseren Lösung, des Wettstreits, wird alles viel zu teuer. Wir hätten kein Geld, auch nicht für Bildung, könnten unsere Entwicklung nicht vorantreiben.

Wir hätten auch kein Geld für Skepsis. Wer ums Überleben kämpft, hat keinen Kopf, um Dinge, Positionen, Grundannahmen zu hinterfragen. Also hinterfrage ich lieber heute als morgen eine solche Planwirtschaft – und versuche, bei diesem Horrorszenario nicht stehen zu bleiben, sondern optimistisch wie ich bin, nach einer anderen Möglichkeit zu suchen, uns weiterzuentwickeln.

Wir hätten auch kein Geld für Skepsis.

Meine Idealvorstellung ist eine friedliche Welt. Ich möchte, dass meine Enkelkinder in Frieden leben können. In Gemeinschaft mit ihrer Umwelt und ihren Mitmenschen. Und eine gute, starke Gemeinschaft gibt es nur mit Industrie. Dafür brauchen wir eine gescheite Energieversorgung.

Ich bin überzeugt: Die gibt es! Es gibt eine Lösung, die Frieden stiftet und Wohlstand sichert. Es gibt einen Weg in die Zukunft – und Kernenergie scheint mir für diesen Weg grundlegend zu sein.

Kapitel 5

Wozu das Ganze? Wissen ist Zukunft …

Vor einem Jahrzehnt hatte ich Prostatakrebs. Nach der Diagnose habe ich viel recherchiert und mich über verschiedene Behandlungsmethoden informiert. Weil ich schon damals dachte: Ich will mehr erfahren. Weil ich dem, was mir ein Arzt sagte, mit Skepsis begegnete, und ich weitere Meinungen einholen, mehr Quellen anzapfen wollte. Ich war wissbegierig, neugierig, hartnäckig. Weil ich nicht einfach glauben wollte, dass die empfohlene Behandlung die für mich beste ist, sondern weil ich auch verstehen wollte, warum sie die für mich beste sein sollte.

Natürlich hatte ich auch Angst. Angst vor dem Krebs in meinem Körper und dem, was er mit mir macht. Aber ich bin nicht in Panik verfallen. Sondern habe mich auf vernünftige Entscheidungen konzentriert, auf meine Ratio.

Ich habe mich dann für eine Behandlung mit radioaktiver Strahlung entschieden, einer Protonentherapie in München. Die Behandlungen fanden von Montag bis Freitag statt. Meine Frau und ich haben eine Ferienwohnung unweit der Klinik gemietet. Am Wochenende sind wir dann jeweils wieder nach Hause in den Schwarzwald gefahren.

Die Bestrahlung wurde täglich durchgeführt und hat circa 30 Minuten gedauert.

Da die Bestrahlung keine Schmerzen verursachte, haben wir die Zeit genutzt, um uns München und die Umgebung anzuschauen und die Zeit genossen. Die Behandlung ging über mehrere Wochen und ich wurde in dieser Zeit mit einer Dosis bis zu 70.000 mSv bestrahlt. Das wäre bei einer Anwendung für den ganzen Körper tödlich gewesen, die Strahlen wurden aber nur auf den Tumor konzentriert, schonten das umgebende Gewebe – und haben den Tumor zerstört.

Noch heute sind meine Werte sehr gut, es hat sich kein Tumor durch die Streustrahlung entwickelt, ich bin vom Prostatakrebs geheilt. Ich kann also aus persönlicher Erfahrung einen Beleg für die Hormesis-Theorie liefern.

Und ich denke, so wie mir in dieser Situation meine Neugier, meine Wissbegier, mein Wunsch zu verstehen, weitergeholfen haben und ich als denkendes Wesen nicht in Panik verfallen bin. Ich denke: So wie mich keine Angst vor der hilfreichen Strahlenbehandlung abgehalten hat, weil ich durch meine Recherchen erfahren habe, dass es eben auf die Dosis ankommt – so können wir auch als Gesellschaft über mehr Wissen, über Aufklärung vorangehen. Aufklärung ist Zukunft. Gerade auch in Energiefragen ...

„DER AUSGANG AUS DER SELBSTVERSCHULDETEN UNMÜNDIGKEIT“

Ich bin ein Fan der Aufklärung. Sie ist ein herausragendes Projekt, das für einen gewaltigen Fortschritt in der Geschichte der Menschheit gesorgt hat und – davon bin ich ganz optimistisch überzeugt – sorgen wird.

Immanuel Kants klassische Formulierung des Zieles der Aufklärung hat mich schon immer beeindruckt: „AUFKLÄRUNG ist der Ausgang des Menschen aus seiner selbstverschuldeten Unmündigkeit.

Unmündigkeit ist das Unvermögen, sich seines Verstandes ohne Leitung eines anderen zu bedienen. Selbstverschuldet ist diese Unmündigkeit, wenn die Ursache derselben nicht am Mangel des Verstandes, sondern der Entschließung und des Mutes liegt, sich seiner ohne Leitung eines anderen zu bedienen. Sapere aude! Habe Mut, dich deines eigenen Verstandes zu bedienen! ist also der Wahlspruch der Aufklärung.“[20]

Schaue ich mir meine eigene Vita an, so bin ich durchaus stolz, dass ich in vielen Belangen diesen Mut gehabt habe, meine eigenen Denkwege zu finden und mich nicht gedankenlos von anderen mitziehen zu lassen.

Sapere aude!
Habe Mut, dich deines eigenen Verstandes zu bedienen!

Dieses „Selbstdenken" brachte mich damals als Wehrpflichtiger zum Zivildienst und ließ mich für die Friedensbewegung begeistern. Als Austauschschüler hatte ich in den USA, an der Highschool von Galveston, Texas, Freunde gefunden, die jüdischen Glaubens waren. Es beeindruckte mich, dass sie zu mir als Deutschen, geboren in einem Land, das so viel Leid über die Juden und durch den II. Weltkrieg auch über Amerikaner gebracht hatte, so freundlich waren. Als ich nach Deutschland zurückkehrte und für den Wehrdienst gemustert wurde, entschied ich mich so, wie es schon meine Name (Wilfried = will Frieden) suggeriert: Ich verweigerte den Kriegsdienst, und das zu einer Zeit, in den Sechzigerjahren, als das mitten im Kalten Krieg nicht gern gesehen wurde. Meine damalige Nähe zur Friedensbewegung lässt mich noch heute sehr gut nachvollziehen, warum Atomkraftgegner allein die militärische Nutzung sehen.

Dieses „Selbstdenken" formte aber auch mein Unternehmertum, weil es mich offen für neue Perspektiven machte, weil ich immer sehr daran interessiert war und bin, andere Meinungen, Einschätzungen und Gedanken zu hören.

So entstand dann aus meinem Leben als Unternehmer – und natürlich auch als besorgter Vater und Opa – mein Interesse an der Kernenergie: Ich betrachtete die wirtschaftlichen und gesellschaftlichen Entwicklungen mit Skepsis, ich hatte den Eindruck, dass wir gerade in der so zentralen Frage für unseren Wohlstand und unser Wohlergehen, der Frage nach der Energie, einen falschen Weg einschlagen.

Ich musste einfach verstehen, was es mit der Energiewende auf sich hat, warum mir daran so vieles unvernünftig vorkam und warum es die Ablehnung der Kernenergie gab, die ich emotional als Kind des Kalten Krieges teilen konnte.

DER EINSTIEG IN DIE KERNENERGIE …

Und so habe ich begonnen, zu recherchieren. Über Kernenergie, Radioaktivität, Klimawandel, Energiewende, Energiesysteme, Wasserstoff, Ammoniak, gesellschaftliche Entwicklung, Gewalt, Krieg, Politik, Marktwirtschaft, Sozialismus, Finanzen, Wissenschaft, Technik.

Unzählige Bücher, Artikel, offline wie online, habe ich gelesen und studiert. Ich habe mir zahlreiche Videos zu Fragen der Energiewende angesehen, mich von Beiträgen auf Social Media zu weiteren Recherchen anregen lassen, mich von Lektüretipps zu Lektüretipps gehangelt und mein Wissen über Kernenergie wurde immer detaillierter.

Enorm spannend fand ich zum Beispiel, mehr über die Entwicklungen in der Reaktortechnik zu erfahren. Ich verstand, dass die Ängste von uns Menschen vor der Kernenergie überwiegend auf ältere Entwicklungen zurückgehen: Das Bild stammte aus „alten" Zeiten und wurde geprägt von Reaktoren älterer Generationen, die Reaktoren von Tschernobyl stammten zum Beispiel aus der ersten und der zweiten Generation. Ich erkannte, dass die modernsten Reaktoren der vierten Generation eine Funktionsweise haben, die geeignet ist, den Menschen die Ängste zu nehmen und sicher für die notwendige und günstige Energie zu sorgen, die wir als Menschheit brauchen.

Das war mein Einstieg in die Kernenergie, denn bei meinen Recherchen zur Generation IV bin ich auf Copenhagen Atomics gestoßen und ich fand hier einen Ansatz, der nachhaltig, ökologisch, sozial, dezentral und konfliktarm war.

Copenhagen Atomics war damals ein sehr kleines Start-up und über Crowdfunding konnten Sie sich mit kleinen Beträgen beteiligen. Gegründet wurde Copenhagen Atomics von einer Gruppe von Wissenschaftlern und Ingenieuren, die sich vor allem an der Danmarks Tekniske Universitet, der Technischen Universität von Dänemark, in Kopenhagen trafen, um über die Möglichkeiten von Thorium- und Salzschmelze-Reaktoren zu diskutieren.

Nach einer ersten Kontaktaufnahme über das Internet habe ich das Unternehmen besucht. Thomas Jam Pedersen, einer der Gründer, hat mich an diesem kühlen Tag in Kopenhagen am Flughafen abgeholt. Er fuhr einen alten VW Passat, was mir gleich sympathisch war, zeigte es doch, dass hier jemand mit viel Engagement bei sehr begrenzten finanziellen Mitteln unterwegs war. Bei einem Ideenverkäufer mit einem protzigen Auto mit einer tollen Präsentation hätte ich mich wahrscheinlich nicht gleich wohl und wie zuhause gefühlt. Thomas zeigte mir dann die Firma und das Labor, in dem sie an der Zukunft der Kernenergie arbeiten.

Die Zukunft – Kernenergie der vierten Generation.

Ich war sehr von der Idee und dem Team angetan und habe mich über Crowdfunding an Copenhagen Atomics beteiligt.

Später habe ich dann einem Freund aus meinem lokalen Rotary Club, der Kernphysik studiert hat, von dem Start-up erzählt und kurze Zeit später sind wir beide zu einem zweiten Termin nach Kopenhagen geflogen. Der Kontakt wurde intensiver und ich konnte dabei sein, wie aus dem Start-up ein Unternehmen mit heute 60 Mitarbeitern wurde.

„Alles hat zuhause auf unserem Herd angefangen", erzählte mir einmal Thomas Jam Pedersen. Um den Mechanismus eines Flüssigsalzreaktors nachzuvollziehen, hatten sie in ihrer eigenen Küche mit gebräuchlichem Haushaltsalz experimentiert, versucht, das Salz flüssig zu machen. Natürlich ohne das Hinzugeben von Uran oder Thorium.

2017 war Copenhagen Atomics das erste private Unternehmen, das einen kommerziellen Salzschmelzekreislauf anbot. Bis Ende 2022 hat Copenhagen Atomics einen Reaktorprototyp in Originalgröße fertiggestellt. Der Prototyp ist eine vollwertige Testplattform, um das System als Ganzes mit Wasser als Medium zu testen. Im Jahr 2023 wird ein vollwertiger Prototyp eines Salzschmelzereaktors gebaut, um das gesamte System mit nicht radioaktiven Salzschmelzen zu testen.

Eine Entwicklung, die ich mittlerweile als Aufsichtsrat unterstütze, denn mehr und mehr überzeugte mich das Konzept der Kernenergie der Generation IV. Ein Konzept, an dem natürlich Copenhagen Atomics kein Monopol hat, an dem weltweit noch andere engagierte Vertreter moderner Kernenergie arbeiten. Ein Konzept, das mich auch deswegen begeistert, weil es sich an den vier goldenen Regeln der Generation-IV-Reaktoren orientiert:

1. Inhärente Sicherheit und Selbstkontrolle – „walk away safe", d. h., das System erlischt bei Ausfall aller Kontrollsysteme von selbst.

2. Militärisch uninteressant – keine Dual-Use-Möglichkeiten durch Uran- bzw. Plutoniumanreicherung.

3. Nachhaltige Lösung des Atom-Müllproblems durch Nutzung des vorhandenen Atommülls zur künftigen Stromversorgung.

4. Höchste Wirtschaftlichkeit – Die Stromherstellungskosten sollen unter 5 Cent pro kWh liegen.

DER EINSTIEG IN DIE ZUKUNFT …

Je mehr ich in das Thema Kernenergie einstieg, umso klarer wurde mir, dass der Ausstieg aus der Kernenergie, den wir in Deutschland vollzogen haben, eine der größten Fehlentscheidung war. Eine Art Super-GAU der politischen Vernunft.

Der Ausstieg aus der Kernenergie – eine der größten Fehlentscheidungen.

Die Kernenergie hatte die Chance, die günstigste, sicherste, CO_2-freie, ökologische, ressourcenschonendste Form der Energieerzeugung zu werden, die uns zur Verfügung steht – wenn wir uns ihr vernünftig und frei von Ängsten und Ideologie genähert hätten.

Hatte? Hätte? Chance vertan?

Nein. Wie gesagt, ich bin ein Fan der Aufklärung. Und ich bin davon überzeugt, dass wir uns als vernünftige Wesen nicht diese Chance entgehen lassen, eine preiswerte Energie zu nutzen, die unendlich verfügbar ist.

Dass wir uns nicht die Chance entgehen lassen, in einer starken Gemeinschaft von Menschen ohne Angst, in Frieden, in Wohlstand und Wohlergehen zu leben, weil alle Menschen Zugriff auf saubere und bezahlbare Energie haben.

Der Blick auf die Geschichte zeigt mir, da erkennen Sie wieder den Optimisten, dass wir uns als Menschheit zum Guten entwickeln. Unserer Vernunft sei Dank ...

Kapitel 6

Warum ich optimistisch bin – ein Blick auf die Menschheit

„Goldene Regeln ...?!“, „Fortschritt ...?!“ „Herr Hahn, schauen Sie sich doch nur um, wie es zum Beispiel mit der goldenen Regel der Ethik steht: ‚Was du nicht willst, das man dir tu‘, das füge keinem anderen zu’ – nicht gut, würde ich sagen ... – Da brauche ich nur die letzten Jahre mit Corona, Krieg, Klimawandel ansehen. Fortschritt? Mein Gefühl sagt mir: Wohl eher weniger ...“

Ja, das stimmt. Wenn Sie nur auf die letzten Jahre schauen. Vielleicht auf ihr aktuelles Bauchgefühl hören. Aber langfristig? Wie sieht es mit dem Projekt Menschheit langfristig aus?

LANGFRISTIG GESEHEN ...

Wir hatten die Aufklärung. Wir hatten die Industrielle Revolution. Wir haben uns die Menschenrechte gegeben. Die Menschheit hat sich enorm entwickelt – und im Zuge dieser Entwicklung sehr viele negative Aspekte unseres Leben zum Besseren gewendet. Denken Sie nur an den Feudalismus, der jahrhundertelang herrschend war, der unter anderem bedeutete, dass die Landesherren uns gesagt haben, wie wir zu denken, wie wir zu leben haben.

Und dann natürlich die Kirche, unsere Pfarrer, die uns gesagt haben, was wir zu glauben, zu hoffen, zu tun haben. Ich finde: Wir haben es als Menschheit geschafft, uns positiv zu entwickeln.

Früher gab es viel mehr Kriminalität, Tötung und Folterung. Die Leute wurden – von Rechts wegen her – bestialisch umgebracht. Es gab Hexenverbrennungen. Krieg und Brandschatzung waren die Regel. Sklaverei und Leibeigenschaft waren an der Tagesordnung. Tagelöhner und auch Arbeiter in den ersten Jahrzehnten der Industrialisierung waren kaum mehr als Sklaven. Und schauen Sie sich jetzt die Rechtssprechung an oder den Arbeitnehmerschutz. Oder betrachten Sie die Geschichte der Medizin: Was Ihnen früher bei Zahnschmerzen blühte. Wie viele Frauen im Kindbett gestorben sind, weil es an der Hygiene mangelte. Weil die Menschen noch nicht so viel über Hygiene wussten. Wie niedrig die Lebenserwartung war …

Wir haben aus unseren Fehlern sehr viel gelernt. Ich denke zum Beispiel nicht, dass die historisch gesehen sehr lange Periode des Friedens, die wir nach dem Zweiten Weltkrieg in Europa hatten, ein Zufall und nur ein kurzfristiges Intermezzo war. Ich denke, dass Putin eine, wenn auch schlimme, Episode ist. Langfristig gesehen, erkennt die Menschheit mehr und mehr den Nutzen von Zusammenarbeit und einem vernünftigen Ausgleich von allgemeinem und eigenem Interesse.

Dafür steht die Entwicklung von Organisationen, die die Zusammenarbeit – und damit den Frieden – fördern, wie die Vereinten Nationen und auch die Europäische Union.

Ja, es läuft einiges schief. Viele gute Ansätze versanden in zu viel Bürokratie. Aber heute kann ich ohne Probleme über die Grenze fahren, in Frankreich Urlaub machen und bin gern gesehen. Europa ist ein Friedensprojekt. Die ganze Weltgemeinschaft ist ein Friedensprojekt, auch weil wir als Menschen, egal welcher Nationalität, Hautfarbe, Sprache oder Herkunft, mit den gleichen Problemen zu kämpfen haben: Der Klimawandel betrifft uns alle. Und dass wir eine saubere und bezahlbare Energiequelle brauchen, das ist überall auf der Welt so. Und ich denke: Diese Probleme schweißen uns zusammen, wir erkennen mehr und mehr, dass wir die Probleme nur lösen, wenn wir zusammenarbeiten. Langfristig ist der Nationalismus und der Egoismus deswegen ein Auslaufmodell, da bin ich mir sicher.

Die Menschheitsgeschichte ist ein Projekt der Freiheit, des Liberalismus, eines vernünftigen Umgangs miteinander.

Wir sind auf dem Weg hin zu einer multipolaren Welt, in der es möglich ist, Vielfalt vernünftig auszuleben. Ohne Ideologie. Ohne sich dem Gesetz der Herde zu unterwerfen.

Die Menschheitsgeschichte ist ein Projekt der Freiheit.

Warum? Weil diese Entwicklung rational ist. Weil Sie, wenn Sie mit einem klaren, vernünftigen Blick auf die Welt schauen, diese Rationalität wirken sehen.

RATIONALITÄT RULES …

Die Propheten aller Zeiten prophezeiten den Weltuntergang. Die nächste Sintflut. Armageddon. Das Jüngste Gericht. Das Ende der Welt. Aber wir sind immer noch da, weil wir Menschen sind. Weil wir ein Gehirn haben, das uns befähigt, rational zu denken und uns nicht von Emotionen beherrschen zu lassen.

Nach seinem äußerst lesenswerten Buch „Gewalt. Eine neue Geschichte der Menschheit“, in dem Steven Pinker zeigt, dass sich die Gewalt im Laufe der Geschichte verringert hat,[21] befasste sich Pinker in seinem Buch „Aufklärung jetzt: Für Vernunft, Wissenschaft, Humanismus und Fortschritt“ mit der weit verbreiteten Ansicht, dass die Welt in einem äußerst schlechten Zustand sei.[22] Von Fortschritt keine Spur ... Diese Ansicht hält Pinker aber für eine Folge von „kognitiven Verzerrungen“, von denen der schon erwähnte confirmation bias nur ein Aspekt unter mehreren ist.

Pinker zeigt aber anhand von zahlreichen Statistiken, wie unsere Rationalität dafür gesorgt hat, dass der Lebensstandard, die Bildung, die Rechte der Menschen im Verlauf der Geschichte kontinuierlich zugenommen haben.

Die Geschichte der Menschheit ist ein Erfolg.

Er kommt zu dem Ergebnis – auch wenn die Gefahr von Gewalt und irrationalem Handeln immer gegeben ist –, dass die langfristigen Trends und zu erkennenden Fortschritte einen optimistischen Blick in die Zukunft rechtfertigen.

FAKTEN BESTÄTIGEN …

Ein Blick auf die Zukunft, den auch die Fakten bestätigen, die Hans Rosling in seinem nach seinem Tode von seinem Sohn und seiner Schwiegertochter veröffentlichten Buch „Factfulness. Wie wir lernen, die Welt so zu sehen, wie sie wirklich ist" zusammengetragen hat.[23]

Rosling zeigt, wie wir dazu neigen, die Welt verzerrt und pessimistisch wahrzunehmen. Diese Tendenz nennt er „negative bias"; sie sorgt dafür, dass wir Fortschritte und Verbesserungen in vielen Bereichen übersehen. Wenn wir uns nicht an die Fakten halten, dann neigen wir zum Beispiel zu Dramatisierungen, wir überbetonen Einzelfälle und Denken in Schwarz-Weiß. Halten wir uns aber an die Fakten, dann erkennen wir, dass die Welt besser ist, als wir allgemein glauben. Denn: Die Weltbevölkerung wächst langsamer als wir denken. Die durchschnittliche Familienplanung wird von den meisten Ländern der Welt unterstützt. Das Einkommensgefälle zwischen den ärmsten und reichsten Ländern nimmt ab. Die meisten Kinder weltweit genießen eine Grundschulbildung. Die meisten Menschen weltweit leben in Demokratien oder Ländern mit einer wachsenden Demokratie. Die durchschnittliche Lebenserwartung weltweit steigt. Es gibt weniger Kriege und Konflikte als in der Vergangenheit. Die Anzahl der Todesfälle durch Naturkatastrophen nimmt ab. Die meisten Menschen der Weltbevölkerung haben Zugang zu Strom.

Kurz: Die Welt wird insgesamt immer besser, aber es gibt noch viel Raum für weitere Verbesserungen.

Mich hat das Buch aufgrund seines Titels direkt angesprochen – und ich wurde bestätigt: „Factfulness“ ist eine Botschaft der Hoffnung und der Rationalität, die dazu ermutigt, auf Daten und Fakten zu vertrauen, um ein genaues Bild von der Welt zu erhalten, anstatt von irrationalen Ängsten und Vorurteilen beeinflusst zu werden.

Eine Botschaft der Hoffnung und Rationalität …

Und ich für meinen Teil möchte gerade beim letzten Punkt, dem Zugang zum Strom, meinen Beitrag zum Fortschritt leisten.

Ich halte es da mit Sir Karl Popper, der mit seinem kritischen Rationalismus zeigte, wie Fortschritt durch kritisches Denken möglich ist.[24] Indem wir das, was wir für wahr halten, immer wieder prüfen. Eine Überprüfung, die auf Gemeinschaft angewiesen ist.

Der menschliche Geist ist fehlbar, auch weil die Emotionen eine große Rolle spielen, weil es zu kognitiven Verzerrungen und negativen Bias kommt, deswegen sind kritische Rationalität und offene Diskussionen so wichtig.

Deswegen denke ich für meinen Teil, und stelle Ihnen das hier zur Diskussion, dass der weitere gesellschaftliche, soziale, wirtschaftliche Fortschritt dann möglich ist, wenn wir gegenüber der Kernenergie offen sind. Denn den Nutzen der Kernenergie, wie ihn uns die modernen Generation-IV-Reaktoren ermöglichen, zeigen die uns vorliegenden Fakten.

Fakt ist: Der alleinige Fokus auf erneuerbare Energien wird nicht für die benötigte Menge an sauberer und bezahlbarer Energie sorgen. Dies zeigen die vorliegenden Daten.

Fakt ist: Ist die benötigte Menge an sauberer und bezahlbarer Energie nicht vorhanden, ist der Frieden in Gefahr, weil uns Kämpfe um Ressourcen drohen. Dies zeigt der Blick auf bereits überwundene Krisen der Geschichte.

Fakt ist: Wenn wir weniger Energie haben, dann wird die fortschrittliche Entwicklung unseres Lebensstandards unterbrochen.

Der Wohlstand wird sinken, wir werden mit sozialen Unruhen konfrontiert werden, weil um den Wohlstand in einer Gesellschaft und auch zwischen verschiedenen Gesellschaften gerungen wird.

Fakt ist: Dass der weitere, auch technologische Fortschritt, zum Beispiel in der digitalen Kommunikation, in der medizinischen Versorgung, in der Arbeitswelt, ohne Energie nicht möglich. Das zeigt uns etwa die Gaskrise nach Putins Überfall auf die Ukraine.

ENERGIE FÜR ALLE …

Bezahlbare Energie ist ein Grundrecht. Und ich denke, wenn wir uns offen und vorurteilsfrei rational möglichen Energieformen nähern, dann ist die Kernenergie auf dem derzeitigen Stand der Technologie die vernünftigste Form der Energieversorgung.

Ich denke, wenn wir uns den gewaltigen Chancen verschließen, die uns die Kernenergie bietet, dann gehen wir hinter die Errungenschaften der Aufklärung zurück.

Dann verfallen wir unkritisch in Glaubenssätze, die uns – wie zu Zeiten des Feudalismus – andere aufoktroyiert haben. Dann sind wir blind gegenüber den Fakten.

Kernenergie stiftet Frieden. Weil sie sauber ist. Weil sie sicher ist. Weil sie bezahlbar ist. Weil sie dezentral in so einer Menge vorhanden sein kann, dass sie weltweit allen, wenn gewünscht, zur Verfügung steht.

Kernenergie ist die Lösung für die gewaltigen Probleme des Klimawandels. Sie ist die Lösung für den immer weiteren Bedarf an Energie. Kernenergie ist die Energie, die uns ermöglicht, das Erfolgsprojekt Menschheit auch in die Zukunft fortzuführen.

Teil 3:

explosiv, sicher, dezentral

Kapitel 7

Und dennoch – einfach zu gefährlich?

Explosion im Atomkraftwerk Tschernobyl: Große Mengen Radioaktivität freigesetzt

BBC News, 26. April 1986

Reaktor-Unfall in Ukraine:
Greenpeace geht von über 93 000 Toten nach Tschernobyl aus

DP / Mitteldeutsche Zeitung, 18. April 2006

Atomkriegsgefahr im Kalten Krieg: Als die Welt am Abgrund stand

Spiegel Online, 15. Oktober 2012

75 Jahre nach Hiroshima: Die Angst vor einem Atomkrieg bleibt

Tagesschau, 6. August 2020

Angst vor einer neuen nuklearen Katastrophe: Belarussisches Atomkraftwerk in der Kritik

DW (Deuts... Welle), 9. November 2020

Weltuntergangsuhr vorgestellt: Zwei Minuten vor Mitternacht

BBC News, 23. Januar 2020

Fukushima:
Zehn Jahre nach der Katastrophe –
Keine Entwarnung in Sicht

Tagesschau, 10. März 2021

Atomkraft in Europa:
Neue Ängste nach Tschernobyl und Fukushim

Frankfurter Rundschau, 26. April 2021

Tschernobyl:
35 Jahre nach der Katastrophe –
Die Langzeitfolgen der radioaktiven Wolke

Süddeutsche Zeitung , 26. April 2021

Angst vor Krebs:
Langzeitfolgen von
Strahlenbelastung
nach Atomunfällen

Die Zeit, 10. März 2021

US-Präsident Biden warnt vor
einem nuklearen ‚Armageddon'

Die Welt, 9. Oktober 2022

Kapitel 8

Warum Kernenergie uns in eine sichere Zukunft führt

Die Bilder von Tschernobyl und Fukushima haben sich in das kollektive Gedächtnis eingebrannt, wie auch die Bilder der Atompilze, die über Hiroshima und Nagasaki in den Himmel gestiegen sind.

Bilder von Katastrophen und menschlichen Tragödien, die das Bild der Kernenergie nachhaltig geprägt haben. Bilder, die es schwer machen, vernünftig über Kernenergie zu sprechen und in der Kernkraft nicht die Bombe, die Strahlenkrankheit, den Krebs, den Tod zu sehen. Die so viele Menschen dahingehend beeinflussen, dass es ihnen kaum möglich ist, in der Kernenergie die sichere Energieform für eine lebenswerte Zukunft zu erkennen, die sie eben bei vernünftigem Licht betrachtet ist.

SCHÄDEN DURCH KERNENERGIE

Über die tatsächlichen Schäden, die durch Kernenergie entstanden sind, gibt es Zahlen und Daten, die in ihren Größen sehr weit auseinanderklaffen. Große Unterschiede gibt es in der Abschätzung der Langzeitfolgen durch vorzeitige Todesfälle wegen Krebserkrankungen.

Solche Schätzungen beruhen meist, wie Sie unter anderem bei Martin Schlumpf nachlesen können, auf der Anwendung der LNT-Theorie, die ja besagt, dass jede noch so geringe Dosis von atomarer Strahlung die Wahrscheinlichkeit erhöht, Krebs hervorzurufen.[25]

Während zum Beispiel Greenpeace aufgrund einer, u. a. auf der LNT-Theorie basierenden, Schätzung von 93.000 Toten nach dem Unfall von Tschernobyl ausgeht, finden Sie in den Untersuchungen von UNSCEAR, dem wissenschaftlichen Ausschuss der Vereinten Nationen zur Untersuchung der Auswirkungen atomarer Strahlung, wesentlich kleinere Zahlen: Über die 30 unmittelbaren Todesfälle der Feuerwehrleute in Tschernobyl hinaus, wurden laut UNSCEAR bei den Einwohnern von Weißrussland, der Russischen Föderation und der Ukraine bis zum Jahr 2005 mehr als 6.000 Fälle von Schilddrüsenkrebs bei Kindern und Jugendlichen gemeldet, die zum Unfallzeitpunkt exponiert waren. Legen Sie dieser Zahl die durchschnittliche Sterblichkeitsrate bei dieser Krebsart von 1 Prozent zugrunde, dann könnten leider 60 vorzeitige Todesfälle entstanden sein.

Die Medizinerin Gerry Thomas vom Imperial College London spricht aufgrund ihrer Analyse der Auswirkungen von Tschernobyl von potentiell 160 vorzeitigen Todesfällen.[26]

Das Fazit von UNSCEAR lautet: „Es gibt keine wissenschaftlichen Belege für einen Anstieg der gesamten Krebsinzidenz oder -sterblichkeitsrate oder der Rate nicht-maligner Erkrankungen, die mit der Strahlenexposition zusammenhängen könnten."[27]

Das gemeinsame E-Portal der Magazine Chip und Focus gibt in einem interessanten Beitrag folgende Einschätzung: „Die Nutzung von Atomenergie wird intuitiv als gefährlichste Möglichkeit zur Energieerzeugung eingeschätzt. Doch ein nüchterner Blick auf die Zahlen lässt diese Technologie in einem anderen Licht erscheinen."

Sie finden in diesem Artikel dann folgende Zahlen über die Folgetoten durch Strahlung nach dem Unglück von Tschernobyl, demnach gehe die pessimistischste Schätzung von 60.000 Toten aus, die optimistischste läge bei 4.000 Todesfällen. Beim Fukushima-Unglück zählte man 573 am Unglückstag. Wobei diese Toten nicht durch Explosion oder Strahlung, sondern durch den Stress bei der Evakuierung gestorben seien. „Die Schätzungen der Toten durch Langzeitschäden schwanken auch hier enorm und liegen zwischen null und eintausend."[28]

Schlagen Sie auf der Wikipedia nach, dann finden Sie unterschiedliche Daten, zum Beispiel wird Forbes mit Blick auf einen Vergleich der Risiken aller Formen der

Energieerzeugung mit folgenden Zahlen zitiert: „Die Zeitschrift Forbes präsentiert folgende Ergebnisse aus dem Jahr 2012, die aus Daten der Weltgesundheitsorganisation, der Centers for Disease Control and Prevention und der National Academy of Sciences stammen (Der hier signifikanteste Bewertungsfaktor ist die Anzahl der Opfer pro erzeugter Energiemenge [Tote pro Terawattstunde, t/TWh]):

- Kohle: 170 t/TWh (China: 280 t/TWh, USA: 15 t/TWh; vor allem Lungenkrebs)
- Öl: 36 t/TWh
- Solar: 0,44 t/TWh (vor allem wegen Dachbauunfällen)
- Wasser: 1,4 t/TWh (vor allem Unfall von Banqiao, 1975)
- Wind: 0,15 t/TWh
- Kernenergie: 0,09 t/TWh (inklusive Bergbau und nach der Oberabschätzung mittels LNT-Modell)“[29]

Jeder Einzelne der hier hinter Zahlen versteckte Toten ist schlimm. Aber ich denke, diese Zahlen illustrieren Folgendes: Wenn Sie das Risiko der Kernenergie einer rationalen Überprüfung unterziehen, dann zeigt sich, dass die Gefahren der Kernenergie überbewertet werden.

Es gibt viele Dinge, die wesentlich riskanter sind – und beileibe nicht mit einer solchen Angst verbunden sind. Bedenken Sie bitte, dass nach einer Schätzung der WHO von 2018 die Zahl der Verkehrstoten weltweit in jenem Jahr 1,35 Millionen betrug.

Und lassen Sie mich einen Vergleich zum Fliegen ziehen: Laut Internationaler Luftverkehrsvereinigung IATA beförderten Fluggesellschaften im vergangenen Jahr rund 4,5 Milliarden Passagiere – das waren mehr als 14-mal so viele Passagiere wie 1970. Die statistische Wahrscheinlichkeit durch einen Flugzeugabsturz ums Leben zu kommen, lag im Durchschnitt der Siebzigerjahre bei 1:264.000. Im vergangenen Jahr lag diese, so der Bundesverband der deutschen Luftverkehrswirtschaft, bei rund 1:16.042.000.[30] Laut Luftsicherheitsexperten müsste ein Fluggast über einen Zeitraum von rund 6.500 Jahren jeden Tag fliegen, „um ein sicherer Kandidat für einen Flugzeugabsturz zu werden“.[31] Anderseits sind im Jahr 2022 durch Flugzeugabstürze 205 Menschen ums Leben gekommen, insgesamt waren es 4.038 Tote seit 2010. Falls also die gleichen Maßstäbe für die Flugzeugindustrie wie für die Kernkraft angewandt werden würden, so dürfte kein Mensch ein Flugzeug besteigen.

Deswegen möchte ich Sie einladen, die Sicherheit von Kernenergie in einem anderen Licht zu betrachten.

Denn sie ist, bitte erinnern Sie sich an meine Ausführungen zum augenöffnenden Buch „Factfulness“ über unseren Hang, die Welt schlecht zu machen, besser als ihr Ruf – und sogar sicherer als erneuerbare Energien.

Schon die Reaktoren der Generationen III und III+, die bereits moderner als die Reaktoren von Tschernobyl und Fukushima sind, waren sehr sichere Energieerzeuger. Die Kernkraftwerke der Generation III+ haben heute eine theoretische Unfallhäufigkeit von einem in 1.000.000.000 Jahren. Von einer unsicheren Technik können wir nicht sprechen.

Und noch sicherer sind Reaktoren der Generation IV, vor allem Salzschmelzereaktoren, wie sie zum Beispiel Copenhagen Atomics entwickelt.

Kernenergie: Besser als ihr Ruf.

SICHERE KERNREAKTOREN

Die Kernreaktoren der älteren Generationen weisen vor allem folgende Probleme auf: Sie sind im Bau teuer und im Betrieb kompliziert. Um ein Kernkraftwerk der älteren Generation zum Laufen zu bringen, wird Uran benötigt. Nur Uran-235, welches nur zu 0,7 Prozent im Uran enthalten ist, kann Energie erzeugen. Mehr als 99 Prozent des abgebauten Urans können in diesen Reaktoren nicht genutzt werden. Im Reaktor wird das angereicherte Material als spaltbare Masse in Brennstäben genutzt, um dann aufgrund der atomaren Kettenreaktion Wasser zu erhitzen und über Turbinen Strom zu erzeugen. Das ganze System steht dabei unter Druck und muss präzise gesteuert werden.

Die Brennstäbe werden nach drei bis fünf Jahren ausgetauscht, sobald der Uran-235 Anteil bei circa 1 Prozent liegt. Sie werden dann als langlebiger Atommüll in Endlager verbracht, die Milliarden kosten. Und: Es kann beim Betrieb der Kernkraftwerke der älteren Generationen waffenfähiges Plutonium entstehen.

Wohl verstanden: Selbst alle diese Probleme haben in ihrer Gesamtheit, wie Sie anhand der oben zitierten Daten und Zahlen erkennen können, nicht dazu geführt, dass die Kernenergie zur gefährlichsten Form der Energieversorgung wurde.

Aber die in Entwicklung befindlichen Salzschmelzereaktoren haben alle diese Risiken nicht.

Salzschmelzereaktoren haben alle diese Risiken nicht.

Das möchte ich Ihnen gerne am Beispiel der Funktionsweise des Reaktors von Copenhagen Atomics zu verdeutlichen:

Der Thorium-Flüssigsalzreaktor von Copenhagen Atomics ist ein Kernreaktor, bei dem der Kernbrennstoff in Form von flüssigem geschmolzenem Salz vorliegt, das gleichmäßig im Primärkreislauf des Reaktors verteilt ist. Eine Kernschmelze im klassischen Sinne ist damit ausgeschlossen, der Kern liegt stets im gewollt geschmolzenen Zustand vor.

- Der Flüssigsalzreaktor hat eine elektrische Leistung von 40 Megawatt (MW). Das ist 25-mal geringer als ein gängiger 1-Gigawatt-Reaktor. Bei einem theoretischen Flugzeugabsturz oder sonstigen konstruierten Schadensfällen ist der potentielle Schaden demnach 25-mal geringer.

Weil das radioaktive Material im Salz gebunden und daher nicht gasförmig ist, wird es im Salz erstarren und sich somit nicht weiträumig verbreiten. Der Reaktor von Copenhagen Atomics hat einen Schutzmantel von 50 Zentimeter Stahl und übersteht den Absturz einer Boing 747 zu 99 Prozent. Ich halte das Szenario von Flugzeugabstürzen allerdings für sehr theoretisch, wir müssten mit der gleichen Logik auch sämtliche Chemiewerke vor Flugzeugabstürzen sichern.

- Der langlebige Atommüll, der in den heutigen Reaktoren anfällt, muss über 100.000 Jahre sicher gelagert werden, deswegen brauchen Sie Endlager. Der Thorium-Flüssigsalzreaktor von Copenhagen Atomics verbraucht diesen Atommüll.

- Im laufenden Betrieb werden die Spaltprodukte automatisch aus dem Reaktor entfernt, das führt zu einer besseren Neutronenausbeute. Damit kann der Reaktor, einmal mit einer geringen Menge Spaltmaterial wie Uran-235 oder Plutonium-239 in Gang gesetzt, ausschließlich mit dem nicht spaltbaren Thorium als Kernbrennstoff gespeist werden. Thorium-232 wandelt sich durch Neutronen des Atommülls in Uran-233 um.

- Im Gegensatz zu den herkömmlichen Reaktoren arbeiten Flüssigsalzreaktoren aufgrund ihres Aggregatzustands nicht unter Druck. Sie können das mit einem Dampfkochtopf vergleichen. Wasser wird bereits ab 100 Grad dampfförmig, das Flüssigsalz verdampft erst ab einer Temperatur von etwa 1.500 Grad. Geben Sie das Wasser in einen Topf, steht dieser enorm unter Druck – so besteht die Möglichkeit einer Dampfexplosion. Beim Flüssigsalz werden die Atome direkt der Flüssigkeit zugeführt. Der Reaktor arbeitet also bei Atmosphärendruck, weshalb eine Dampfexplosion des Reaktorkerns nicht möglich ist.

- Die Spaltprodukte eines Flüssigsalzreaktors sind zu 80 Prozent nach zehn Jahren auf natürlichem Niveau abgeklungen, die verbleibenden 20 Prozent müssen nur für 300 Jahre sicher gelagert werden. Die Menge an Atommüll ist um einen Faktor von 100 geringer, da keine Brennstäbe, kein Uran-238 und keine langlebigen Transurane erzeugt werden.

- Beim Thorium-Flüssigsalzreaktor wird Schwerwasser D2O als Moderator benutzt, welches die Spaltung erst möglich macht, und es wird durch den Reaktorkern gepumpt. Sobald die Pumpen stoppen, fließt das Schwerwasser in Tanks ab und die Reaktion stoppt sofort, was eine Nuklearkatastrophe von Tschernobyl physikalisch unmöglich macht.

- Es entsteht kein waffenfähiges Uran-235 oder Plutonium. Das entstehende Uran-233, das in einer Salzschmelze gebunden vorliegt, gilt als für eine militärische Nutzung ungeeignet.

Keine Gefahr durch Kernschmelze, keine militärische Nutzung.

Ich finde, die durch wissenschaftliche Forschung und Technik geschaffene Faktenlage ist beeindruckend. Die technischen Errungenschaften, die in einem solchen Reaktor stecken, sind geeignet, unser Bild der Kernenergie zu verändern.

Wenn wir es denn schaffen, uns von den tief liegenden Ängsten freizumachen, die uns nach wie vor leider Tag für Tag durch Presse, Filme und unser eigenes Umfeld eingetrichtert werden, wenn es um Kernenergie, um die Zukunft, um die Gefahren von technischen Errungenschaften geht.

Sicherlich ist Skepsis angebracht, Technologiegläubigkeit als Ideologie soll nicht die Ängste setzen, die zum Beispiel durch eine Ideologie des Verzichts geschürt werden.

Aber ich denke, wir sollten der Zukunft eine Chance geben. Fähig sein, uns vernünftige Argumente anzuhören, auszuhalten und zu diskutieren.

Die Unsicherheit älterer Generationen von Atomkraftwerken ist bei modernen Salzschmelzereaktoren nicht mehr gegeben – und ich möchte Ihnen gerne noch einige weitere Pluspunkte nennen, die dafür sorgen, dass moderne Kernreaktoren auch gegenüber erneuerbaren Energien im Vorteil sind.

Kapitel 9

Wie dezentrale Energieversorgung möglich wird

Lassen wir die menschliche Erfindungskraft und den wissenschaftlichen Geist sich auch an der Kernenergie beweisen, dann entstehen technische Meisterleistungen, wie die Salzschmelzereaktoren – und in Zukunft sicherlich noch bessere Konzepte.

Der Fortschritt mischt die Karten neu: Die Gefahren der Kernreaktoren der älteren Generation sind ausgeschlossen. Die militärische Nutzung ist nicht möglich. Statt Atommüll zu produzieren, verbraucht der moderne Flüssigsalzreaktor schon vorhandenen Atommüll.

Für mich sind das alles gute Argumente, um eine optimistische Entscheidung zu treffen – für die Kernkraft. Weil diese neue Form der Kernenergie nicht mehr beängstigend ist, sondern eine sichere und vernünftige Möglichkeit, für die benötigte Energie zu sorgen. Auch weil sie wesentlich günstiger und dezentraler verfügbar ist ...

WO UND WANN SIE ENERGIE BRAUCHEN

Die Energieausbeute bei Windkraft- und Photovoltaikanlagen ist sehr gering und die Menge der benötigten Ressourcen sehr hoch. Vor allem aber sind Windenergie und Solarenergie nur dann verfügbar, wenn der Wind weht und die Sonne scheint. Erneuerbare Energien in dieser Form sind zunächst einmal nicht verlässlich. Sie brauchen, um die Verlässlichkeit zu garantieren, ein Backup.

Sie brauchen starke Speicher, die die Energie, die dann entsteht, wenn der Wind weht und die Sonne scheint, für die Zeiten aufbewahren können, in denen die Sonne hinter den Wolken verschwindet, es Abend und dunkel wird und wenn Flaute herrscht und die Rotoren der Wundkraftwerke sich nicht drehen.

Photovoltaik ist geradezu zu einem Symbol für sinnvolle, weil dezentrale Energieversorgung geworden. Und sicherlich ist Photovoltaik als Anlage auf Ihrem Dach dezentral und für kleine Einheiten wie zum Beispiel Ihr Haus oder kleinere Dörfer und Siedlungen, freistehende Gehöfte, auch eine sinnvolle Ergänzung. Auch ich habe, wie bereits erwähnt, ein paar Solarpanels auf meinem Dach. Aber: Diese Dach- und Balkonkraftwerke bringen keine Industrienation ans Laufen. Und Batterien mit allen ihren Nachteilen brauchen sie auch.

Photovoltaik – ein Symbol für dezentrale Stromversorgung, aber …

Sie brauchen, um erneuerbare Energie in einem Land wie Deutschland zu den Menschen zu bringen, die komplexe Infrastruktur einer Nord-Süd-Vernetzung. Im Norden ist die Ausbeute an Windenergie besser, im Süden die Ausbeute an Solar- und auch Wasserkraft. Um also den Strom dorthin zu bringen, wo Sie ihn brauchen, ist eine gewaltige Infrastruktur von Nöten.

Vor allem aber brauchen wir, um eine verlässliche Stromversorgung zu garantieren, Reservekraftwerke, die in die Bresche springen können, um die benötigte Energie zu liefern. Dafür waren die Gaskraftwerke gedacht. Sie haben erlebt, wie gut es mit diesem zentralen Backup-System funktioniert hat, als ein Aggressor seinen Daumen auf die Gasversorgung gelegt – und die Strompreise so in eine Höhe schossen, die für unsere Wirtschaft und für unsere starke, soziale Gemeinschaft zu einem Risiko wurden.

All diese Probleme ersparen wir uns mit der Kernenergie. Kernkraftwerke liefern uns Strom, wann und wo wir ihn brauchen, ohne von wetterabhängigen Faktoren wie Sonneneinstrahlung oder Wind abhängig zu sein – und das ohne komplexe Infrastruktur, sicher und günstig.

Kernkraftwerke liefern uns genau das: Strom, wann und wo wir ihn brauchen, vollkommen unabhängig von externen Faktoren.

MODULAR UND SCHNELL VERFÜGBAR

Kernenergie wird

- durch die moderne, sichere Technologie, durch die eine Kernschmelze ausgeschlossen wird,
- durch eine Technologie, die ohne Druck arbeitet, was eine Druckexplosion ausschließt,
- durch eine selbstregulierende Technologie, die kein Bedienungspersonal braucht, was menschliche Fehler ausschließt,

zu einem System von intelligenter Dezentralität.

Selbst kleine Gemeinden könnten ihr eigenes Kraftwerk betreiben und wären so unabhängig von globaler Infrastruktur und den Weltmarktpreisen.

Die Energie wäre so nah am Verbraucher und die benötigte Energiemenge kann schnell und auch günstig zur Verfügung gestellt werden. Mit einer Größe etwa eines Schiffscontainers (2,4 x 3,6 x 12 Meter) und einem Gewicht von 40 Tonnen kann ein Reaktor der Generation IV, wie ihn Copenhagen Atomics entwirft, in einer Fabrik in Serienfertigung produziert und mit einem Lastwagen an die Einsatzstelle transportiert werden. Dort wird der Reaktor ergänzt mit am Markt verfügbaren Anlagen, die aus der Energie des flüssigen Salzes Wasserdampf erzeugen, mit einer Turbine, die aus dem Dampf Strom erzeugt und einer Anlage, die den Strom ins Netz verteilen kann. Dieses komplette System kann dann Strom zu Kosten von circa 2 Cent pro kWh liefern.

Die Größe eines Schiffscontainers – und Strom zu 2 Cent je kWh!

Der Reaktor verlässt die Fabrik ohne Salze, Schwerwasser oder radioaktiven Brennstoff.

Diese werden erst auf der Einsatzstelle separat angeliefert, eingebracht und der Reaktor betriebsbereit gemacht.

Dann wird der Reaktor zugeschweißt und läuft fünf Jahre vollautomatisch, ohne Bedienungspersonal. Der Reaktor liefert die Energiemenge in Form eines circa 600 Grad heißen Salzes, und zwar in der vereinbarten Mengengrenze, die der Anwender fordert. Das ist die einzige Stellschraube des Anwenders. Fehlbedienungen sind damit ausgeschlossen. Fachpersonal für den Reaktor wird nicht benötigt.

Die Fertigungszeit pro Reaktor beträgt circa 30 Tage. Da aber viele Reaktoren in Linie gleichzeitig bearbeitet werden, kann, wie in der Fertigung von Flugzeugen oder Autos, pro Tag ein Reaktor die Fertigungslinie verlassen. Den Bau können Sie also mit dem Bau eines Fertighauses vergleichen.

Ein Reaktor von Copenhagen Atomics hat eine Leistung von 100 MW thermischer Energie, welche mit einer modernen Turbine etwa 40 MW Strom erzeugen kann. Somit kann ein Reaktor in der Größe eines Schiffcontainers – ich betone das, weil ich das, als ich dies das erste Mal mit eigenen Augen sah, unglaublich fand – eine ganze Gemeinde versorgen. Mit einer Fertigungslinie können also zehn Gigawatt (GW) elektrische Leistung pro Jahr erzeugt werden. Zehn Fertigungslinien stellen

100 GW Leistung her. Das entspricht etwa der Leistung sämtlicher amerikanischer Kernkraftwerke zusammen und übertrifft alle französischen Kernkraftwerke, die etwa 65 GW Leistung haben.

Das alles ermöglicht einen sehr schnellen Aufbau der Kapazitäten, zumal die Reaktoren in Modulbauweise gezielt größere Mengen Strom erzeugen können, wo er lokal gebraucht wird. Keine komplexe Infrastruktur ist notwendig, Sie können die vorhandene elektrische Vernetzung vor Ort nutzen. Durch die modulare Bauweise haben Sie vor Ort genau die Menge Strom, die Sie dort brauchen – und das immer.

Unabhängig von Wind oder Sonne oder einem Aggressor, der Ihnen den Gashahn zudreht.

Ein zusätzlicher Vorteil ist: Sie können einen Reaktor, wie ihn Copenhagen Atomics entwirft, nutzen, um Wasserstoff herzustellen: Wasserstoff kann für 2,50 Euro pro Kilogramm mit externer Elektrolyse erzeugt werden. Auch das reduziert die Abhängigkeit und stärkt lokale Anbieter.

Eine Energiewende auf CO_2-freie Energie ist in kurzer Zeit machbar – und diese Energiewende wäre wirklich nachhaltig.

Teil 4:

nachhaltig, sozial, friedvoll

Kapitel 10

Warum echte Nachhaltigkeit nur mit Kernenergie gelingt

Die Bereitstellung von Energie durch ein Kernkraftwerk der Generation IV ist unschlagbar preiswert. Sie können die gelieferte Energie wie gewünscht skalieren und sind somit langfristig unabhängig von den Ressourcen, die immer weniger werden. Ressourcen, auf die erneuerbare Energien vor allem aufgrund der benötigten Energiespeicher angewiesen sind. Überhaupt ist Kernenergie in dieser Form nachhaltiger, was vernünftigerweise einsehbar ist, wenn wir die ideologischen Scheuklappen weglassen.

RESSOURCENSCHONEND

Im Gegensatz zu erneuerbarer Energie ist Kernenergie sehr effizient. Beim Bau der Anlagen eines Reaktors der Generation IV wird weniger Energie verbraucht – Solarenergie liegt, laut einer Analyse von Forbes, bei einem Erntefaktor 4, Wind bei einem Faktor 16, dabei sind die nötigen Speicher nicht berücksichtigt, Kernenergie der älteren Generationen bei einem Faktor 75.[32] Bei einem Thorium-Salzschmelzereaktor, wie in Copenhagen Atomics konzipiert, liegt der Faktor bei 2.000.[33]

Der laufende Betrieb verbraucht außerdem weniger Ressourcen, als wenn Sie, wie bei erneuerbaren Energien, auf Kupfer, Stahl, Beton, Lithium, Silizium und seltene Erden zurückgreifen müssen oder, wie bei fossiler Energieerzeugung, auf Kohle und Gas angewiesen sind.

Kernkraftwerke erzeugen eine beträchtliche Menge Energie aus einer relativ kleinen Menge Brennstoff. Dies reduziert die Abhängigkeit von begrenzten fossilen Brennstoffen und kann langfristig zur Energieversorgung beitragen.

Sie können schon als Neutronenquelle bestehenden Atommüll nutzen. Dieser muss somit nicht 100.000 Jahre sicher verwahrt werden, sondern wird heute verbraucht. Das benötigte Thorium ist zum Beispiel in der Asche von Kohlekraftwerken vorhanden. Aber es gibt auch größere Vorkommen in den USA, Norwegen, Türkei, Australien, Brasilien und Indien.

Ein Thorium-Flüssigsalzreaktor hat einen 500-fach geringeren Ressourcenverbrauch als zum Beispiel Solaranlagen.

Der Ressourcenverbrauch eines Flüssigsalzreaktors ist 500-mal geringer als der einer Solaranlage.

Eine Kugel Thorium in der Größe eines Golfballs liefert die gesamte Energie, die ein Mensch in seinem Leben braucht. Das entspricht 1.000 Eisenbahnwaggons voller Kohle.

UMWELTSCHONEND

Schon die älteren Kernkraftwerke erzeugen während des Betriebs keine direkten Treibhausgasemissionen. Im Vergleich zu fossilbasierten Energien wie Kohle, Öl und Gas, tragen Kernkraftwerke daher weniger zur globalen Erwärmung und dem Klimawandel bei. Bei den modernen Kraftwerken der Generation IV verstärkt sich dieser Effekt noch.

Gegenüber Windkraftanlagen, Solarparks, auch Wasserkraftanlagen, ist der Flächenverbrauch von Reaktoren der neueren Generation verschwindend gering. Größere Solarparks können Hunderte oder sogar Tausende Hektar Land einnehmen. Der dauerhafte Flächenbedarf moderner Windenergieanlagen beläuft sich für die Sockelfläche auf circa 100 Quadratmeter.

Hinzu kommt noch die Fläche für das Fundament, wobei dieses teilweise erdüberdeckt und damit nicht sichtbar ist, und die Kranstellfläche, die teilweise mit Schotter bedeckt ist.[34] Zwei Prozent der Fläche Deutschlands sollen, so die aktuellen Pläne, für Windkraft genutzt werden. Das sind circa 715.000 Hektar.[35]

Umweltschonend sind die Reaktoren der Generation IV auch mit Blick auf die Abfälle. Laut Ute Collier, stellvertretende Direktorin der Internationalen Agentur für erneuerbare Energien, wird die „weltweite Menge an Solarmodulen zum Verschrotten bis zum Jahr 2050 auf mehr als 200 Millionen Tonnen ansteigen."[36] Das entspricht der Hälfte des jährlichen Kunststoffmülls.

Der Abfall, der bei Kernkraftwerken entsteht, war in der Vergangenheit eine große Herausforderung an Logistik und Sicherheit, schließlich musste der Atommüll, der in den veralteten Kraftwerken entstand, über 100.000 Jahre sicher gelagert werden. Kraftwerke der Generation IV brauchen kein Endlager. Gegenüber früheren Zeiten entsteht nur ein Bruchteil an Atommüll und der ist radioaktiv unbedenklich. Sie erinnern sich: Nach zehn Jahren sind die Spaltprodukte eines Flüssigsalzreaktor zu 80 Prozent auf natürlichem Niveau abgeklungen, die 20 Prozent, die dann noch verbleiben, müssen nur für 300 Jahre sicher gelagert werden. Moderne Kernkraftwerke reduzieren sogar den bisher angefallenen Atommüll.

Der Reaktor von Copenhagen Atomics kann aus alten Brennstäben die zehnfache Menge an Energie erzeugen, als diese in der Vergangenheit geliefert haben. Atommüll ist in diesen Kraftwerken kein Abfall, sondern wertvoller Brennstoff.

Atommüll? Kein gefährlicher Abfall mehr, sondern wertvoller Brennstoff.

Die gegenwärtigen Konzepte der Energieversorgung, die propagiert und durch Subventionen gefördert werden, sorgen für einen Verlust von 90 Prozent der Biodiversität.

Für die weltweite Stromproduktion für 2050 wird – unter Verwendung des aktuellen Energieplans – eine Fläche benötigt, die so groß ist wie Indien oder die gesamte EU, vorausgesetzt, wir werden klimaneutral. Die Aneignung von Land zur Energieerzeugung schädigt jedoch die Ökosysteme, was wiederum den Klimawandel verschärft.

Eine Lösung für dieses Dilemma bietet, wie Sie lesen konnten, die moderne Kernenergie: „Vergleicht man die Zahlen, so zeigt sich, dass die räumliche

Ausdehnung der Kernenergie um 99,7 Prozent geringer ist als die der Windkraft an Land".[37] Vergleichen Sie den Ressourcenverbrauch, den Geldbedarf, dann zeigen sich ein ähnliches Bilder.

Ich finde, wir sollten vom Ausbeuter der Erde zum Hüter der Erde werden.

Der alleinige Fokus auf erneuerbare Energie sorgt dafür, dass wir weiterhin Ausbeuter bleiben, durch den Ressourcen-, den Land-, den Kapitalverbrauch.

Wir brauchen Kernenergie in unserem Energiemix. Wir brauchen Vernunft in der Energiepolitik, um die so wichtigen Klimaziele und eben auch soziale Ziele zu erreichen, die unser Leben lebenswert machen. Wer grün denkt, der sollte vernünftigerweise auf Kernkraft setzen.

Kapitel 11

Weshalb Kernenergie sozial ist

Die Auswirkungen eines unvernünftigen Umgangs mit der wichtigen Energie ist verheerend. Zum einen, weil die ökologischen Folgen so weitreichend sind, zum anderen, weil die finanziellen und damit sozialen Auswirkungen gravierend und besorgniserregend sind.

Diese besorgniserregenden Entwicklungen stoppen wir, wenn wir die Kernenergie in unseren Energiemix übernehmen. Wenn wir uns ohne Angst und ohne Scheuklappen – und auch ohne Machtgier und persönlichen, wie auch nationalen Egoismus – der Energieversorgung der Zukunft nähern.

SOZIALER FORTSCHRITT

Unsere energetische und ökologische Zukunft ist nicht finanzierbar, wenn wir uns allein auf die erneuerbaren Energien stützen. Da folge ich unter anderem den Analysen von Ulrike Herrmann. Aber was folgt daraus?

Ich habe es Ihnen schon geschrieben – und möchte es an dieser Stelle gerne noch einmal betonen: Ein „Ende des Kapitalismus", also eine Welt, die auf den Mangel an Ressourcen, auf den Mangel bezahlbarer und sauberer Energie, mit Kontrolle und Verzicht reagiert, die auf Planwirtschaft und staatliche Verteilungsmacht setzt – eine solche Welt sehe ich nicht als erstrebenswert an. Sie ist unsozial, weil sie den Fortschritt verhindert.

Ohne freien Wettbewerb, sei es in der Wirtschaft, sei es in der Wissenschaft, bleibt Fortschritt aus, weil Wachstum ausbleibt. Wir brauchen die freie Marktwirtschaft, um voranzukommen. Wir brauchen die freie Wissenschaft, um uns zu entwickeln. All dieses Entwicklungspotenzial verlieren wir, wenn wir auf Bürokratie, auf zentrale Steuerung setzen, die so tief in das Leben aller Menschen eingreift.

Professor Hans-Werner Sinn schreibt in seinem Buch „Auf der Suche nach der Wahrheit" (im Kapitel: „Der grüne Flatterstrom und warum wir die Wende der Wende brauchen"): „Die deutsche Energiewende, die den Doppelausstieg aus Kohle und Atomkraft vorsieht und ganz und gar auf den wetterabhängigen Strom setzt, ist ein utopischer Versuch, bei dem sehr vieles kaputtgehen kann einschließlich der Wettbewerbsfähigkeit der deutschen Wirtschaft und des Lebensstandards, an den sich die Deutschen gewöhnt haben."

Und er betont: „Sie ist eine Wende ins Nichts." Und bekennt: „Was die Technik betrifft, bin ich, der jugendliche Ostermarschierer, der ich einmal war, mittlerweile davon überzeugt, dass die Welt nur mit der Atomkraft in der Lage sein wird, die Räder ihrer Industriegesellschaften ohne Klimaschäden zu drehen."[38]

Auch Professor Gerd Ganteför plädiert in These 17 seiner 21 Thesen zur Klimapolitik für die Kernenergie und mahnt vor dem Bürokratiemonster, das wir uns mit der Energiewende eingehandelt haben.[39]

Ohne freien Wettbewerb bleibt der Fortschritt aus.

Ich denke, auch die sozialen Folgen wären schlimm, weil eine solche auf Verzicht beruhende große Transformation unseres Gemeinwesens die gewachsenen sozialen Bande zerreißt, für soziale Unruhen sorgt, für ein Klima der Verteilungsangst.

Setzen wir dagegen auf einen vernünftigen Energiemix, der erneuerbare Energien dort einsetzt, wo sie Sinn machen, der der modernen Kernenergie die Rolle zuweist, die angemessen ist, dann setzen wir auf sozialen Fortschritt.

SOZIALES MITEINANDER

Ein vernünftiger Energiemix setzt einen vernünftigen Dialog voraus, allein schon dieser wäre ein sozialer Fortschritt. Wir haben es in den letzten Jahren im Zuge der Pandemie erlebt, wie stark bei uns immer noch die Ideologie ist und wie stark sich dieses Klima der Ideologie auch auf unser soziales Miteinander auswirkt.

Ist der Dialog als aufklärender Wettstreit von Argumenten, von Fakten, als ein Wettbewerb des kritischen Denkens möglich, dann ist auch ein soziales Miteinander möglich.

Ich erhoffe mir einen Dialog als aufklärenden Wettstreit von Argumenten.

Und ich möchte gerne erleben, vielleicht ja im Dialog mit Ihnen oder mit dem einen oder anderen Politiker – oder, wenn ich mir dies wünschte dürfte, mit Ihnen, Herr Harald Lesch, weil ich Ihre Art schätze –, wie wir um ein besseres Miteinander konstruktiv ringen.

Ein solches Miteinander lebt, wie ich denke, sehr stark von dem Subsidiaritätsprinzip: von der eigenverantwortlichen Unabhängigkeit kleiner Einheiten, sei es von unserer Unabhängigkeit und Eigenverantwortlichkeit als Individuen, sei es von der Unabhängigkeit und Selbstbestimmung von zum Beispiel Unternehmen, Ortschaften, Städten. Regeln wir die Angelegenheiten, die auf lokaler oder regionaler Ebene effektiv geregelt werden können, lokal – und delegieren sie eben nicht an übergeordnete Behörden, dann schaffen wir so eine wichtige Grundlage von sozialer Teilhabe und Entwicklung. Und die Kernenergie fördert genau dieses Prinzip: Denn sie macht es in der modernen Form, die Reaktoren der Generation IV darstellen, möglich, dass die Energieversorgung lokal erfolgt – und das zu einem Preis, der alle günstiger zu stehen kommt und der somit auf lokaler Ebene die Mittel freisetzt, um durch Bildung, durch soziale Einrichtungen, durch die Ausstattung von Schulen, Kindertagesstätten etc., sinnvoll für die Gemeinschaft zu wirken.

SOZIAL IST MACHTVOLL

Ich finde den griechischen Mythos rund um Prometheus mit Blick auf Energie und Macht sehr bezeichnend: Der Titan Prometheus entwendet den Göttern das Feuer und bringt es den Menschen. Darüber ist Göttervater Zeus so erbost, dass er Prometheus festnehmen und dann an einen Fels im Kaukasusgebirge festschmieden lässt. Dort frisst nun jeden Tag ein Adler die stets nachwachsende Leber des Prometheus auf. Die Strafe dafür, dass er den Menschen das Feuer, also die Energie, brachte.

Prometheus gilt als der Urheber der menschlichen Zivilisation, als der Bringer der Kultur – und so illustriert dieser Mythos sehr schön, wie wichtig die Energie für die Kultur ist, wie machtvoll Energie ist – und wie groß die Versuchung ist, diese Macht auf ganz egoistische Weise wie Zeus zu kontrollieren.

Ich denke, dass die Kernenergie, in der Form, die ich Ihnen in diesem kleinen Buch vorgestellt habe, diese Versuchung, die eigene Macht zu missbrauchen, im Zaum halten kann. Weil sie nicht nur günstig und sauber ist und somit keinen Verzicht als Treibstoff braucht, sondern zudem dezentral und lokal eingesetzt werden kann. Sie braucht keine Subventionen, sondern Verständnis. Sie braucht keine machtvollen Organisationen, wie Länder, Staaten, sondern es reicht eine lokale Übereinkunft. Sie braucht … zum Beispiel: Sie. Und Sie. Und Sie …

Kapitel 12

Warum mit Kernenergie die Welt friedlicher ist

„I want you to ...“ – auf jeden Fall nicht „to panic!“, wie es Greta Thunberg ausrief. Im Gegenteil: „I want you to be optimistic and act with reason.“ Ich wünsche mir, dass wir als Gesellschaft gemeinsam, mit Augenmaß, Vernunft und Freude, an einer Zukunft arbeiten, die für die Menschheit lebenswert ist, energievoll und friedlich.

Als ich begonnen habe, mich mit dem Thema Energie auseinanderzusetzen, habe ich mir gesagt: „Ich will schauen, dass wir eine gute, starke Gemeinschaft haben. Das geht nur mit Industrie. Dafür braucht man eine gescheite Energieversorgung.“

Denn bezahlbare und saubere Energie ist ein Grundrecht der Menschheit und eine Grundvoraussetzung für den sozialen Frieden, ja den Frieden überhaupt. Und ich bin sehr optimistisch, dass wir in der Kernenergie genau diese bezahlbare und saubere, gescheite Energie erkennen.

„Ich will, dass wir eine gute, starke Gemeinschaft haben. Das geht nur mit Industrie. Dafür braucht man eine gescheite Energieversorgung.“

EIN FRIEDENSPROJEKT

Unsere Menschheitsgeschichte ist ein Friedensprojekt, davon bin ich, wie Sie wissen durchaus faktenbasiert, überzeugt. Mittels unserer Wissenschaft und unseres technischen Fortschritts sind wir schon so weit gekommen. Und ich denke, mit der Kernenergie als einer günstigen und sauberen Energie, die allen Menschen als Teil eines vernünftigen Energiemix zur Verfügung stehen kann, wird unsere Welt noch friedvoller werden.

Mit der Kernenergie als günstige und saubere Energie, wird unsere Welt noch friedvoller werden.

Denn sie ermöglicht es, dass der Wohlstand in der Welt zunehmen wird. Unser Lebensstandard ist gestiegen, als wir als Voraussetzung der Industrialisierung moderne Energieformen erschlossen haben. Als wir mehr und mehr auf die menschliche Arbeitskraft als Antrieb verzichten konnten, weil Maschinen für die Antriebsenergie sorgten.

Und wenn die vielen Länder weltweit, die ebenfalls um wirtschaftliche, gesellschaftliche Entwicklung ringen, auf eine saubere und günstige Energieversorgung zurückgreifen können – so wird auch ihr Lebensstandard steigen. Ohne dass dieses Mehr an Lebensstandard und Wachstum die empfindliche Ökologie unseres Planeten schwächt.

Ich denke, mittels Kernenergie kommen wir zum Beispiel den von der UN ausgerufenen Zielen von nachhaltiger Entwicklung ein gutes Stück weit näher, weil sie eine gute Voraussetzung ist, gegen Armut und Hunger vorzugehen, weil sie geeignet ist, ein Umfeld zu schaffen, in dem Gesundheit und Wohlergehen gedeiht, in dem Bildung möglich ist etc.

GERECHTE VERTEILUNG

Von Dr. Parag Khanna habe ich in seinem Beitrag zur RMB Think Summit 2023 den einprägsamen Satz gehört: „Wenn die Technik nicht zu den Menschen kommt, kommen die Menschen zur Technik!“[40]

Wir stehen vor vielen Herausforderungen, deren Bewältigung oder Nichtbewältigung unsere Zukunft und die Zukunft unserer Kinder und Kindeskinder bestimmen wird. Und eine gerechte Verteilung der Ressourcen, die uns allen zur Verfügung stehen, uns allen, die nach Glück, Wohlstand, Wohlergehen streben, ist eine dieser Herausforderungen.

Wir haben jetzt die Chance, uns in einem gerechten und nachhaltigen Sinn zu entwickeln. Wir können allen ein gutes Leben ermöglichen.

Ich denke deswegen, dass die Kernenergie in Form eines Salzschmelzereaktors als günstige und saubere Energie eine gute Grundlage für positive Entwicklungen ist: Weil sie aufgrund der günstigen Bauart – und auch aufgrund ihrer Sicherheit und Waffenunfähigkeit – viel mehr Menschen zur Verfügung stehen kann, als es bei den älteren Kernreaktoren möglich und sinnvoll war. Weil sie als bedeutender Teil eines sinnvollen Energiemix den Kampf um Ressourcen unnötig macht. Weil mit dieser Energieform dezentrale Mechanismen gestärkt werden und zentralem Machtgebrauch und -missbrauch entgegengewirkt wird.

Wir können allen ein gutes Leben ermöglichen.

HOMO SAPIENS

Mir schwebt, wenn ich an ein gutes Leben denke, kein Schlaraffenland vor, in dem uns ohne Arbeit gebratene Tauben in den Mund fliegen und Milch und Honig fließen. Keine Spaßgesellschaft, in der es nur um Vergnügen geht. Ich glaube, dass Menschen eine Aufgabe brauchen: Sie wollen lernen, sich bilden, sich weiterentwickeln, um ein sinnvolles Leben zu führen. Und für diesen Sinn brauchen wir Anforderungen, damit wir körperlich, geistig und sozial gesund bleiben. Wir sind eben aus dem Geschlecht des Homo sapiens, ein Wesen des Wissens, ein denkendes Wesen – wir sind ein Wesen, dass sich durch dieses Denken weiterentwickelt: Und dafür braucht es viel Energie. Und sei es nur, um unsere Bibliotheken zu erleuchten ... Oder damit ich mein iPad ans Laufen bekomme, auf dem meine Recherchen, inzwischen über 500 Bücher und Studien, liegen. Oder um die Möglichkeiten auszuschöpfen, die uns die Digitalisierung bringt – und um die Gefahren zu erkennen, zu erforschen und mit mehr Wissen zu umgehen, die in diesen Möglichkeiten liegen.

Die Geschichte der Menschheit ist, wie auch unsere individuelle Geschichte, ein Abenteuer, aber ich als skeptischer Optimist oder als optimistischer Skeptiker bin sehr gerne bereit, für dieses Abenteuer einen guten Verlauf anzunehmen.

Eine solche Haltung scheint mir einfach auch viel produktiver und unserer Bestimmung gemäß. Denn die Natur – oder, wenn Sie so wollen, Gott – hat uns die Vernunft gegeben, die sollten wir benutzen – eben skeptisch sein, uns unseren Verstandes bedienen. Denn die Natur hält so viele Wunder für uns bereit, an denen wir uns erfreuen und die uns optimistisch stimmen können. Da muss ich nur an meine Enkel denken und wie wundervoll es ist, ihnen beim Aufwachsen zuzuschauen.

Die Zukunft ist so reich. Sie ist so vieles – und sie wird angetrieben durch Kernenergie.

Epilog

„Ich denke, es gibt einen Weltmarkt für vielleicht fünf Computer," sagte damals 1943 Thomas J. Watson, Präsident von IBM.

„Wir mögen ihre Musik nicht und Gitarrengruppen werden bald aus der Mode kommen." – So begründete 1962 die Plattenfirma Decca Records ihre Absage an die jungen, aufstrebenden Musiker mit langen Haaren, die vorgespielt hatten: Die Beatles, von deren Musik bis heute über 1,3 Milliarden Tonträger verkauft wurden.

„Das Internet ist nur ein Hype", äußerte sich 1995 Bill Gates.

„Das iPhone wird nie im Leben einen bedeutenden Marktanteil erlangen. Keine Chance", sagte Ex-Microsoft-Chef Steve Ballmer 2007 nach Steve Jobs Präsentation des ersten iPhones.[41]

So lange der Mensch lebt, irrt er sich auch in seinen Urteilen – manchmal wirklich spektakulär, wie an diesen vier Bespielen illustriert. Und ich denke, dass sich auch viele Urteile über Kernenergie, sie sei „zu unsicher, zu gefährlich, zu teuer", als Fehlurteile herausstellen.

Während ich an meinem Buch schrieb, äußerte sich Bundeskanzler Olaf Scholz ablehnend zur Frage über einen möglichen Wiedereinstieg in die Kernenergie: „Die Kernkraft ist zu Ende“, sagte er. „Sie wird in Deutschland nicht mehr eingesetzt ... Das Thema Kernkraft ist in Deutschland ein totes Pferd.“[42]

Ich möchte Ihnen mit meinem Buch hinsichtlich dieses Urteils eine Portion gesunder Skepsis mitgeben. Kernenergie ist eben kein totes Pferd, sondern eine durchaus lebendige, vor allem sichere, bezahlbare, saubere Energieform, auf die wir als Menschheit setzen können, um späteren Generationen eine lebenswerte Zukunft zu ermöglichen.

Was denken Sie jetzt, nachdem Sie mein Buch gelesen haben, über die moderne Kernenergie als Grundvoraussetzung für unseren Wohlstand und für den Frieden?

Ich bin ja grundsätzlich optimistisch, was die langfristige Entwicklung des Menschen und unsere Zukunft angeht. Weil ich an die Kraft der Vernunft glaube. Wobei diese vernünftige Entwicklung kein Selbstläufer ist, sondern es wichtig ist, dass wir versuchen, der Vernunft auch Geltung zu verschaffen.

Liebe Jugendliche, es geht um eure Zukunft.

Liebe Eltern, heute stellen wir die Weichen dafür, dass wir unseren Kindern eine lebenswerte Welt hinterlassen.

Liebe Politiker, folgt nicht den Lobbyisten, folgt eurer Vernunft.

Liebe engagierte Mitglieder einer NGO, geht eure Aufgaben ohne Angst, ohne Ideologie an.

Ich hoffe also sehr, Sie alle dafür gewinnen zu können, dass auch Sie in der Kernenergie die Energieform erkennen, der wir zur Geltung verhelfen sollten, um dafür zu sorgen, dass die Zukunft künftiger Generationen eine gute wird.

Ich bin gespannt – und freue mich darauf, von Ihnen zu hören.

Ihr Wilfried Hahn

Wilfried Hahn wurde 1950 geboren und hat in Karlsruhe Wirtschaftsingenieurwesen studiert. 1977 trat er als Geschäftsführer in das von seinem Vater gegründete Familienunternehmen Wiha Werkzeuge GmbH ein. Unter seiner Leitung wurde Wiha zu einem global aktiven Familienunternehmen mit über 1.000 Beschäftigten weltweit, das als führender Hersteller von Premium-Handwerkzeugen sowie mechanischen Werkzeugen gilt. Seit 2021 ist Wilfried Hahn nun „Senior President", Wiha Werkzeuge wird von seinem Sohn geleitet.

Seine Interessen an Geschichte, Technik, Gesellschaft, Wissenschaft und Aufklärung haben Wilfried Hahn 2021 in den Aufsichtsrat von Copenhagen Atomics geführt, um dort seine Erfahrungen als erfolgreicher Unternehmer einzubringen und so für die seiner Ansicht nach so grundlegende Kernenergie zu wirken.

Wilfried Hahn ist begeisterter Sportler, vor allem der Basketball hat es ihm angetan. Als Hauptsponsor und Namensgeber der Wiha Panthers, heute Black Forest Panthers, mischt Wiha z. B. schon seit 2010 im Profi-Basketball der 2. Bundesliga mit. Wilfried Hahn selbst ist Teammitglied der deutschen Ü70-Basketball-Nationalmannschaft und wurde mit seinem Team 2022 Vize-Europameister. Wilfried Hahn ist vierfacher Großvater und lebt mit seiner Frau in Schonach im Schwarzwald.

Erfahren Sie mehr auf: **www.enlitefuture.com**

QUELLENVERZEICHNIS

1. Hans Mathias Kepplinger (2017): Die Mechanismen der Skandalisierung: Warum man den Medien gerade dann nicht vertrauen kann, wenn es darauf ankommt, Olzog

2. Joachim Radkau (2011) :„Eine kurze Geschichte der deutschen Antiatomkraftbewegung ", Bundeszentrale für politische Bildung (https://www.bpb.de/shop/zeitschriften/apuz/59680/eine-kurze-geschichte-der-deutschen-antiatomkraftbewegung/)

3. Daniel Kahnemann (2012): Schnelles Denken, langsames Denken, Siedler

4. UNRIC, Regionales Informationszentrum der Vereinten Nationen: (abgerufen 10. September 2023) Ziele für nachhaltige Entwicklung (https://unric.org/de/17ziele/)

5. Tony Seba (2017): Saubere Revolution 2030, MetroSolar

6. Lars Schernikau (2022): Unbequeme Wahrheiten. Über Strom und die Energie der Zukunft, BOD

7. Simon Michaux (2022): „The quantity of metal required to make just one generation of renewable tech units to replace fossil fuels ... " (https://youtu.be/MBVmnKuBocc?si=_fcTXPWEvn4zS69L)

8. Mark P. Mills (2023): „Grand Nexus: Information, Materials, Energy" (https://youtu.be/vrwORoNAQWA?si=rIzSOLEALCmYA0q7)

9. McKinsey (2021): „Net-Zero Deutschland. Chancen und Herausforderungen auf dem Weg zur Klimaneutralität bis 2045" (https://www.mckinsey.de/~/media/mckinsey/locations/europe and middle east/deutschland/news/presse/2021/21-09-10 net zero deutschland/mckinsey net-zero deutschland_oktober 2021.pdf)

10. Walter Rüegg (2023): „Die toxische Seite der Solarpanels – Sonnenenergie soll die Welt retten, doch sie verursacht gigantische neue Probleme“, Gastkommentar in der NZZ (https://www.nzz.ch/meinung/solarstrom-er-ist-dreckiger-als-viele-denken-ld.1723091)

11. Hans-Werner Sinn (2008): Das grüne Paradoxon. Plädoyer für eine illusionsfreie Klimapolitik, Econ

12. Bundesamt für die Sicherheit der nuklearen Entsorgung (abgerufen am 18. September 2023): „Der Atomausstieg in Deutschland“ (https://www.base.bund.de/DE/themen/kt/ausstieg-atomkraft/ausstieg_node.html)

13. Charles L. Sanders (2010): Radiation Hormesis and the Linear-No-Threshold Assumption, Springer (abgerufen 13. September 2023)

14. Nuklearia (2020): Wie gefährlich sind Nuklearunfälle wirklich? (https://youtu.be/-zNYEETeKTc?si=TKsY6UGmcpkaOBsO)

15. Ulrike Herrmann (2022): Das Ende des Kapitalismus. Warum Wachstum und Klimaschutz nicht vereinbar sind – und wie wir in Zukunft leben, Kiepenheuer & Witsch

16. Gerd Ganteför (2018): Das Gesetz der Herde. Von Primaten, Parolen und Populisten - Macht und Unterwerfung bei Tier und Mensch, Edition Zeitblende im AT Verlag

17. Antony P. Müller (2023): Technokratischer Totalitarismus: Anmerkungen zur Herrschaft der Feinde von Freiheit, Frieden und Wohlstand, Capital Studies Group

18. Vaclav Smil (2023): Wie die Welt wirklich funktioniert. Die fossilen Grundlagen unserer Zivilisation und die Zukunft der Menschheit, C. H. Beck

19. Nate Hagens (2022): „The Great Simplificaton“ (https://youtu.be/T19tHn_LA80?si=VxosYSR2xLFDPYEA)

20. Immanuel Kant (1784): „Beantwortung der Frage: Was ist Aufklärung?“ In: Berlinische Monatsschrift, Dezember-Heft

21. Steven Pinker (2011): Gewalt. Eine neue Geschichte der Menschheit, S. Fischer

22. Steven Pinker (2018): Aufklärung jetzt. Für Vernunft, Wissenschaft, Humanismus und Fortschritt. Eine Verteidigung. S. Fischer

23. Hans Rosling mit O. Rosling, A. Rosling Rönnlund (2018): Factfulness. Wie wir lernen, die Welt so zu sehen, wie sie wirklich ist, Ullstein

24. Karl Popper (1959): Logik der Forschung. Zur Erkenntnistheorie der modernen Naturwissenschaft, De Gruyter

25. Martin Schlumpf (2023): Atomkraft - Das Tabu: Brauchen wir Kernkraftwerke?, Edition Königstuhl

26. Geraldine „Gerry" Thomas (2016): „Radiation Health Risks from Nuclear Accidents - Facts and Fantasy" (https://youtu.be/pOvHxX5wMa8?si=YfEW4pjolfGlHE5K)

27. UN Scientific Committee on the Effects of Atomic Radiation (UNSCEAR), (abgerufen 12. September 2023): „Assessments of the radiation effects from the Chornobyl nuclear reactor accident"(https://www.unscear.org/unscear/en/areas-of-work/chernobyl.html)

28. Gero Gröschel (2023): „Atomkraft, Wasserkraft, Öl: So viele Menschen sterben durch diese Technologien" (https://efahrer.chip.de/news/atomkraft-wasserkraft-oel-so-viele-menschen-sterben-durch-diese-technologien_1012035)

29. Wikipedia (abgerufen 13. September 2023): „Sicherheit der Kernenergie – Vergleich mit der Sicherheit anderer Energiequellen" (https://de.wikipedia.org/wiki/Sicherheit_der_Kernenergie#Vergleich_mit_der_Sicherheit_anderer_Energiequellen)

30. BDL Bundesverband der deutschen Luftverkehrswirtschaft (2023): „Wie sicher war Luftverkehr im Jahr 2022?" (https://www.bdl.aero/de/publikation/wie-sicher-war-luftverkehr-im-jahr-2022/)

31. Selda Bekar (abgerufen 18. September 2023): „Wahrscheinlichkeit Flugzeugabsturz: Sie werden staunen“ (https://flugangstlos.de/wahrscheinlichkeit-flugzeugabsturz-sie-werden-staunen/)

32. James Conca (2015): EROI -- A Tool To Predict The Best Energy Mix, Forbes (https://www.forbes.com/sites/jamesconca/2015/02/11/eroi-a-tool-to-predict-the-best-energy-mix/?sh=748e1e5da027)

33. Copenhagen Atomics (2022): „We enable a paradigm shift for nuclear energy. Copenhagen Atomics Waste burner“ (https://thoriumenergyalliance.com/wp-content/uploads/2022/10/Thomas-Pedersen-Copenhagen-Atomics-TEAC11-ABQ-Oct-2022.pdf)

34. Ministerium für Umwelt, Klima und Energiewirtschaft Baden-Württemberg (2021): „Welchen Flächenbedarf haben Windenergieanlagen?“ (https://um.baden-wuerttemberg.de/de/energie/erneuerbare-energien/windenergie/faq-windenergie/welchen-flaechenbedarf-haben-windenergieanlagen).

35. KNE Kompetenzzentrum Naturschutz und Energiewende KNE (2022): „Zum Flächenbedarf der Windenergie“ (https://www.naturschutz-energiewende.de/unkategorisiert/wortmeldung-zum-flaechenbedarf-der-windenergie/)

36. Ute Collier, zitiert nach: Gregor Uhlig (2023): „Riesiges Müllproblem: Was wird aus den alten Solaranlagen?“, Deutsche Wirtschaftsnachrichten (https://deutsche-wirtschafts-nachrichten.de/703563/Riesiges-Muellproblem-Was-wird-aus-den-alten-Solaranlagen).

37. Jonas Kristiansen Nøland (2023): „Nuclear power causes least damage to the environment, finds systematic survey“ (https://techxplore.com/news/2023-04-nuclear-power-environment-systematic-survey.html)

38. Hans-Werner Sinn (2018): Auf der Suche nach der Wahrheit, Verlag Herder

39. Gerd Ganteför (2023): „Ganteförs 21 THESEN zur KLIMA-POLITIK“ (https://youtu.be/1m3Dpim5aU?si=wbusUlanEQMjJcvj)

40. Parag Khanna (2023): „RMB Think Summit 2023“ (https://www.youtube.com/watch?v=fAp5AU6GYyc)

41. Franka Doliner (2023): „Wenn Experten danebenliegen: Krasse Fehlprognosen der Tech-Geschichte“ (https://t3n.de/news/experten-liegen-daneben-fehlprognosen-technik-1489728/, https://blog.tagesanzeiger.ch/historyreloaded/index.php/1107/15-kuriose-fehlprognosen/) und Ralph Pöhner (2017): „15 kuriose Fehlprognosen“ (https://blog.tagesanzeiger.ch/historyreloaded/index.php/1107/15-kuriose-fehlprognosen/)

42. Stephan Detjen im Gespräch mit Bundeskanzler Olaf Scholz (2023): „Bundeskanzler Olaf Scholz. Das Thema Kernkraft ist in Deutschland ein totes Pferd“ (https://www.deutschlandfunk.de/bundeskanzler-olaf-scholz-kernkraft-brics-industriestrompreis-100.html)

WEITERE LITERATUREMPFEHLUNGEN

Zur Kernenergie

Wade Allison (2015): Nuclear is for Life. A Cultural Revolution, Wade Allison Publishing

Richard Friebe (2016): Hormesis, Carl Hanser

Robert Hargraves (2012): Thorium: energy cheaper than coal, CreateSpace

Mark Lynas (2014): Nuclear 2.0. Why a green future needs nuclear power, UIT Cambridge Ltd.

Anna Veronika Wendland (2022): Atomkraft? Ja bitte! Klimawandel und Energiekrise: Wie Kernkraft uns jetzt retten kann, Quadriga

Robert Zubrin (2023): The Case for Nukes: How We Can Beat Global Warming and Create a Free, Open, and Magnificent Future, Polaris Books

Zur Energiewende

Vince Ebert (2022): Lichtblick statt Blackout. Warum wir beim Weltverbessern neu denken müssen, dtv Verlagsgesellschaft

Samuel Furfari (2023): Energy insecurity: The organised destruction of the EU's competitiveness, Independently publishe

Gerd Ganteför (2013): Klima. Der Weltuntergang findet nicht statt, Wiley-VCH

Bill Gates (2021): How to Avoid a Climate Disaster. The Solutions We Have and the Breakthroughs We Need, Allen Lane

Frank Hennig (2021): Klimadämmerung: Vom Ausstieg zum Abstieg – Ein Plädoyer für mehr Vernunft in der Energiepolitik, FinanzBuch Verlag

Bjorn Lomborg (2020): False Alarm. How Climate Change Panic Costs Us Trillions, Hurts the Poor, and Fails to Fix the Planet, Basic Books

Mark P. Mills (2021): The Cloud Revolution. How the Convergence of New Technologies Will Unleash the Next Economic Boom and A Roaring 2020s, Encounter books

Patrick Moore (2014): Confessions of a Greenpeace dropout. The Making of a Sensible Environmentalist, Beatty Street Publishing

Henrik Paulitz (2020): StromMangelWirtschaft. Warum eine Korrektur der Energiewende nötig ist, Akademie Bergstrasse

Michael Shellenberger (2020): Apocalypse now. Why Environmental Alarmism Hurts Us All, Harper

André D. Thess (2021): Sieben Energiewende-Märchen?. Eine Vorlesungsreihe für Unzufriedene, Springer

Fritz Vahrenholt (2023): Die große Energiekrise: … und wie wir sie bewältigen könne, Langen-Müller

Zu Vernunft und Aufklärung

Rolf Dobelli (2011): Die Kunst des klaren Denkens. 52 Denkfehler, die Sie besser anderen überlassen, Carl Hanser

Robert Sapolsky (2017): Gewalt und Mitgefühl. Die Biologie des menschlichen Verhaltens, Carl Hanser

Frank Urbaniok (2020): Darwin schlägt Kant. Über die Schwächen der menschlichen Vernunft und deren fatale Folgen, Orelli Fuessli

Zu Politik und Gesellschaft

Michael Esfeld (2023): Land ohne Mut. Eine Anleitung für die Rückkehr zu Wissenschaft und Rechtsordnung, Achgut Edition

Dietmar Hansch / Till Bastian (2014): Zukunftsbildung. Die Giergesellschaft überwinden - und überleben, Engelsdorfer

Karen Ilse Horn (2010): Die soziale Marktwirtschaft. Alles, was Sie über den Neoliberalismus wissen sollten, Frankfurter Allgemeine Buch

Parag Khanna (2021): Move: How Mass Migration Will Reshape the World – and What It Means for You, Weidenfeld & Nicolson

Matt Ridley (2011): The Rational Optimist. How Prosperity Evolves, Fourth Estate

Joachim Weimann (2022): Einfach zu einfach. Wie die leichten Lösungen unsere Demokratie bedrohen, Springer

Daniel Stelter (2018): Das Märchen vom reichen Land. Wie die Politik uns ruiniert, FinanzBuch Verlag

www.copenhagenatomics.com

copenhagen
atomics
1
2
3
4

IMPRESSUM

Erscheinungsjahr: 2023

1. Auflage

Layout, Umschlaggestaltung & Satz: Gorus Media GmbH

Verlag: Wilfried Hahn

Gedruckt in Deutschland

Produziert von: Gorus Media GmbH

Fotos: Copenhagen Atomics

Coverfoto: Nejron Photo/stock.adobe.com

Autorenfoto: Stefan Kiefer

ISBN: DE-978-3-98617-059-2

Bibliografische Information der Deutschen Nationalbibliothek:

Die Deutsche Nationalbibliothek verzeichnet diese Publikation in der Deutschen Nationalbibliografie; detaillierte bibliografische Daten sind im Internet über http://dnb.d-nb.de abrufbar.

Gorus Certified Publication ist ein Qualitätssiegel für Bücher, die im Selbstverlag ihrer Autoren erscheinen. Es stellt für Sie, den Leser, die konzeptionelle, gestalterische und textliche Qualität sicher. Dafür wurde dieses Buch von einer Jury aus erfahrenen Buchprofis detailliert geprüft und nach den Qualitätskriterien bewertet, die die Unternehmensgruppe Gorus in jahrzehntelanger erfolgreicher Arbeit im deutschsprachigen Sachbuchmarkt entwickelt hat. Nur Büchern, die diesen Kriterien genügen, wird das Gütesiegel verliehen.
Weitere Informationen: www.certified-publication.de